Nicolas Balmet

Les 73 amis Facebook insupportables

lucpire éditions

lucpire éditions

Éditions Luc Pire [Renaissance SA]
Avenue du Château Jaco, 1 – 1410 Waterloo
Éditions Luc Pire
www.editionslucpire.be

Les 73 amis Facebook insupportables
Couverture et Mise en pages : Philippe Dieu (Extra Bold)
Imprimerie : V.D. (Temse)

ISBN : 9782875421531
DÉPÔT LÉGAL : D/2017/12.379/02

AUX BÉBÉS CHATS DU
MONDE ENTIER.

TABLE DES MATIÈRES

Like

Celui qui…

est coincé dans les embouteillages

Il est réglé comme une horloge. À 8h42, coincé dans sa voiture depuis une petite heure, il a déjà entendu quatre fois les infos-trafic à la radio qui, quatre fois, lui ont expliqué que ce matin-là, il devait compter quatre fois plus de temps que d'habitude pour arriver au boulot. À bout de nerfs, il pense très fort : « Ras-le-bol de ces embouteillages à la c… ! », avant d'attraper son smartphone pour rédiger son premier statut Facebook de la journée : Ras-le-bol de ces embouteillages à la c… ! Nous, comme on habite plus près du bureau, on est déjà au travail. Enfin, façon de parler : disons qu'on a allumé l'ordi et qu'on boit un café en parcourant notre mur Facebook. Après tout, y a pas de raison de commencer à bosser avant les autres. On assiste donc tranquillement aux tribulations de notre prisonnier du bitume qui, balancé entre solitude et désarroi, est doucement en train de se demander s'il n'emprunterait pas la bande d'arrêt d'urgence. Deuxième statut de sa journée qui, il faut bien le dire, commence sur les chapeaux de roues : Et bien sûr, y a un plouc qui a réussi à faire un accident juste devant moi, alors que tout le monde roule au ralenti ! Quelle bande de blaireaux, j'te jure ! Ses petits agacements sont évidemment *likés* par tous ceux qui, comme lui, poireautent sur leur siège chauffant. Et nous, pendant ce temps-là, on se dit qu'après tout, il a bien mérité son sort. Ça fait quand même cinq ans qu'il prend le même chemin tous les matins, qu'il sait pertinemment qu'il y a toujours le même ralentissement au même endroit, et qu'à ce petit jeu, aucun véhicule n'a jamais fait l'objet d'une grâce divine. Et puis surtout, rien ne l'empêche de prendre le train. C'est même beaucoup moins dangereux de rédiger des statuts Facebook assis dans un wagon. Surtout qu'en devenant navetteur, il aura encore des plaintes à formuler : Génial, train supprimé ! Mais dans quel monde vit-on ? Sûr qu'un jour, on le verra débarquer au boulot en trottinette.

Partager

À quoi le reconnaît-on dans la vraie vie ? +

Dans sa BMW payée un bras, mais qui n'avance pas plus vite que la Polo d'à côté, il essaye de ne pas trop montrer qu'il en veut à la terre entière. Il est accroché à son volant comme s'il était en train de conduire pour du vrai. Mais comme tout le monde, il est à l'arrêt. Quand il est très énervé, il klaxonne un bon coup, convaincu que ça fera avancer le schmilblick. Et quand il arrive (enfin) au bureau, avant même de dire bonjour, il commence chaque conversation par « Pffff... »

Like

Celui qui…

kiffe les animaux

Facebook ne serait pas Facebook sans la présence chaleureuse de ces âmes virtuelles qui adulent la faune, pas l'iPhone. Leur dada ? Poster des photos et des vidéos d'animaux pleines de vie, d'émotion, de sourires, de gentillesse et de tendresse. On pense à ce chat qui se lie d'amitié avec un chien à trois pattes, ce dauphin qui fait un bisou à une jolie baleine, ou ce cheval à la fougueuse crinière qui court au ralenti sur une plage, des mouettes volant en arrière-plan… Souvent, on se laisse emporter juste pour le plaisir des yeux, non sans laisser une larmichette s'inviter à notre douce béatitude. Parfois, les images sont même accompagnées d'une petite phrase faussement anodine qui a le don de nous faire cogiter sur des sujets aussi universels qu'essentiels : l'amitié est un trésor dont les pièces d'or sont plus proches de vous que vous ne le pensez… Si notre petit cœur de pierre ne craque pas, c'est que nous ne sommes pas tout à fait humains. C'est tellement adorable qu'on éprouve une soudaine envie d'aller embrasser un arbre, de marcher sur un nuage, de cueillir des tulipes et de devenir végan. Puis, un matin, après avoir visionné la vidéo d'un mini panda écarquillant les yeux pour la première fois, on interrompt brusquement notre ivresse et nos soupçons de frissons. Une question délicate vient de nous traverser l'esprit : à bien y regarder, n'y aurait-il pas une discrimination flagrante, voire un racisme latent, de la part de ces internautes animaliers ? La réponse est, hélas, bestiale : oui, il y a de la ségrégation dans l'air. Parce que les chiens, les dauphins et les chevaux, c'est bien beau. Mais pourquoi donc ces gens ne postent-ils jamais de statuts sur les crabes, les vers de terre, les veuves noires (quand on parlait de racisme...), les sauterelles ou, plus banalement, les ornithorynques ? Le but, ici, n'est pas de créer une polémique ou d'inciter les syndicats à se mettre en grève. Mais quand même... On a vu des pays qui faisaient des « manif' pour tous » pour moins que ça, et il ne serait guère étonnant d'apprendre un jour que les amis des animaux ne sont pas aussi sympathiques qu'ils en ont l'air. On serait même prêts à parier que, quand vient l'été, tout en continuant à nous poster des vidéos de girafes guillerettes et des photos de lapins tout mignons, ces gens-là n'éprouvent pas le moindre remords à écraser les moustiques qui viennent mettre un peu de gaieté dans leur chambre ou leur mobile-home. Mais ça, bien sûr, ils ne nous le montreront jamais. Assassiner impunément des petits êtres sans défense dont le seul crime est de chantonner « bzzzzz » à la nuit tombée, ça n'a rien d'un scandale, non, non. Et les petites araignées aux pattes fines qui traversent gentiment leur salon sans faire de bruit pour ne déranger personne, elles finissent où ? Sur Facebook ? Que nenni : dans un aspirateur ! Mais là encore, évidemment, nos « amis » des animaux omettent soigneusement de partager leurs atrocités avec leur naïve communauté de likeurs. Comme par hasard ! Donc, sans vouloir verser dans la psychose, mesdames et messieurs, restons tout de même vigilants, car ces gens-là sont peut-être nos voisins.

Partager

À quoi le reconnaît-on dans la vraie vie ?

Il possède trois chiens, deux hamsters et quatre poules. Mais ce qu'il aime par-dessus tout, ce sont les bébés chats. Parce qu'avec un bébé chat, c'est trop facile de faire des photos super attendrissantes qu'il peut poster sur Facebook et récolter, au minimum, 164 *likes*. Donc, à chaque printemps, il achète des nouveaux bébés chats. On ne sait pas trop ce qu'il fait avec ceux qui sont devenus grands, mais peut-être vaut-il mieux ne pas savoir. Mystère et boule de poils...

FACEBOOK A ÉTÉ OUVERT AU PUBLIC LE 26 SEPTEMBRE

2006

Like

Celui à qui…

il manque un bon zoom aux concerts

La photo qu'il poste sur Facebook est censée prouver qu'il est en train d'assister à un concert mémorable. Une scène très éloignée, des lumières vertes, mauves et raisin, des bras levés et des têtes qui gâchent une bonne partie de la vue. Bien sûr, on ose croire que notre ami vient d'immortaliser le tube absolu de U2 au moment décisif du show le plus extraordinaire que le groupe ait jamais donné. Mais dans le fond, qu'est-ce qui nous prouve qu'il n'est pas occupé à s'extasier devant Michel Sardou ? La réponse est beaucoup plus limpide que la photo : rien. Certains pourraient rétorquer que c'est un excès de mauvaise foi, puisque la photo avait été précédée, deux jours plus tôt, d'un argument quasi irréfutable : la publication du ticket de concert et ce bon vieux J-2 avant Bono ! Hi haaaa ! Mais rien ne nous dit que c'étaient des vrais tickets. Ça ne change rien : la photo du show, elle, est bel et bien floue, voire complètement ratée et, donc, parfaitement futile. En plus, celui qui l'a postée oublie un détail fondamental : soit on adore U2 et on est aussi au concert (donc, sa photo, on s'en tape), soit on déteste U2 et, donc, sa photo… ben on s'en tape aussi. On pourrait ajouter l'option « on adore U2 mais on n'a pas réussi à obtenir de ticket ». Sauf que dans ce cas, la dernière chose qu'on a envie de voir, c'est la photo d'un gars qui est sur place. Bref, il faut arrêter avec ça, y a pas photo (oui, celui qui n'est pas au concert a le droit de faire des jeux de mots idiots, c'est même le minimum).

Partager

À quoi le reconnaît-on dans la vraie vie ?

C'est cet individu insupportable qui, au concert, passe le temps le téléphone en l'air. Il a payé son ticket 150 euros (« Ouais, mais pour Coldplay, tu vois, ça les vaut »), il a cherché une place de parking pendant cinquante minutes et il a râlé cinq fois pendant « l'interminable première partie ». Puis, une fois que le show a commencé, il a décidé de s'offrir une petite crampe au bras en filmant et en photographiant son artiste préféré pendant près de deux heures. Le pire, c'est qu'après avoir inondé notre fil d'actu Facebook de ses œuvres, il poste celles-ci sur Youtube avec le son le plus exécrable de la galaxie, le bavardage des gens à côté de lui et les morceaux qui commencent en plein milieu...

Like

Message personnel à celui qui…

dit « Partagez si vous aimez »

Désolé, mais je suis obligé de te faire une petite remontrance : non, je ne peux pas partager sur Facebook tout ce que tu aimes. D'accord, elle est sympa, ta vidéo de grosses gamelles en skateboard mais disons qu'après l'avoir vue, j'ai très vite envie de passer à autre chose, au lieu d'inviter tous mes amis à la re-poster. C'est comme ton statut sur les 10 meilleurs bouquins que tu as lus dans ta vie : pourquoi tiens-tu absolument à ce qu'on partage ta liste ou, pire, qu'on s'adonne au même exercice que toi ? Tu as lu des livres, c'est très bien. Tu peux même te dire que, par rapport à la moyenne des habitants de Facebook, tu sors du lot. Mais voilà : ferme la page, passe à autre chose, et n'oblige pas tes amis à répliquer en partageant des classements moyennement marrants du genre : 1) *À fond le slip*, de Titeuf ; 2) *Merci pour ce moment*, de Valérie Trierweiler ; 3) *Elle m'appelait Miette*, de Loana. Ce n'est pas ça, le partage. Non, le partage, c'est la bonté, la sagesse, le dévouement, l'échange et le don de soi. En plus, la formule « Partagez si vous aimez », tu avoueras que c'est quand même vachement ambigu. Tu aimes ton mari ou ta femme : est-ce que tu les partages pour autant ? Tu aimes la soupe aux pois, est-ce une raison pour en servir à tout le monde ? Je ne pense pas. Donc, avant de quémander, demande-toi peut-être si ça en vaut vraiment la peine, en tournant sept fois ton clavier dans ta bouche avant de rédiger une ordonnance. Ou alors, si tu aimes les ordonnances à ce point, deviens médecin. Mais je te préviens : ça implique sept ans d'études au minimum. Un boulot de dingue. Fini, dès lors, de poster des liens vers les quinze attractions qui foutent la gerbe ou les sept plus gros péchés capitaux. Si tu veux être docteur, va falloir trimer, et pas qu'un peu. Sinon, j'ai une idée : deviens plutôt curé. C'est cool, ça, curé. T'auras une paroisse rien qu'à toi, avec plein d'amis, et tu pourras crier « Partagez si vous aimez ! » chaque dimanche matin, en distribuant l'hostie. Mais promets-moi juste une chose : tu ne partages pas les enfants de tes fidèles, hein ? Ça ne se fait pas.

Partager

POUR S'INSCRIRE
SUR FACEBOOK, L'ÂGE LÉGAL
MINIMUM EST FIXÉ À
13 ANS

Celui qui…

pense avoir deux étoiles au Michelin

L'époque est ainsi faite : la cuisine est devenue une religion, dont les messies sont des émissions de télé qui nous abreuvent de plats somptueux, façonnés à base d'ingrédients qu'on ne trouve ni au Carrefour, ni au Lidl, ni même chez Primark (c'est dire). Et bien sûr, impossibles à reproduire chez soi, vu qu'ils demandent, au minimum, deux jours de congé rien que pour comprendre la recette. Un challenge qui ne rebute absolument pas notre cuistot de Facebook, qui a bouffé chacune des saisons de *Un dîner presque parfait*, *Masterchef*, *Top Chef* et du *Meilleur pâtissier*. Et qui, désormais, est capable d'élaborer n'importe quel menu, sans peur d'être jugé. Le piment d'Espelette, il en mange même au petit-dej'. Et les desserts croquants, s'il le faut, il peut les faire en tricotant. Bien sûr, il est tellement fort et fier qu'il ne peut pas s'empêcher de nous servir ses petits secrets pour une cuisson parfaite sur son mur Facebook. Nous, on est passé chez le traiteur chercher une lasagne qui mijote paisiblement dans le four. Et comme celle-ci exige quand même vingt minutes de cuisson, on lit négligemment les techniques et conseils de notre chef étoilé qui est en train de découper des poivrons du marché et des échalotes espagnoles qu'il fera ensuite tremper dans une sauce madère à la menthe ciselée avant d'y inclure son rôti de dindonneau à la gelée de groseilles et ses kiwis confits au gingembre. Les babines en pleine effervescence, on assiste même à l'étalage des photos de la préparation, histoire que notre lasagne - qui sera finalement trop cuite, vu qu'on a traîné sur Facebook plus que de raison - nous reste en travers de la gorge avant même qu'on y goûte. Un peu plus tard, notre infatigable top chef s'attèle à la confection de son dessert : une truffe meringuée sur son lit de fraises du jardin. Le clou du spectacle (ou de girofle, oui, un brin d'humour ne fait jamais de mal) arrive avec cette précision indécente : Très facile à faire ! À ce moment précis, on se dit qu'il y a encore plus facile à faire : sortir un Cornetto du congélateur et déballer enfin le bouquin de cuisine de Cyril Lignac qu'on a reçu à notre anniversaire. Enfin, à notre précédent anniversaire. Enfin, à notre anniversaire d'il y a quelques années. Enfin, un bouquin qu'on n'a jamais ouvert, quoi.

➦ Partager

À quoi le reconnaît-on dans la vraie vie ? +

Capable de passer des heures en cuisine, il possède des appareils et des ustensiles dont on ne soupçonne même pas l'existence : un truc qui découpe les radis en étoile, un robot qui transforme le sucre en origan, ou un four à énergie solaire qui fait aussi bien les croque-monsieur que les milk-shake. Quand il quitte ses fourneaux, direction le restaurant. Où, là aussi, il dégaine son téléphone pour prendre quelques clichés, qu'il nous sert sur Facebook en mentionnant où il se trouve, c'est-à-dire dans un lieu dont chaque plat coûte un demi-salaire. Mais disons que l'addition n'est jamais assez salée à son goût...

Like

Celui qui…

a couru 12,6 kilomètres en 44 minutes

Son objectif consiste à nous infliger des tonnes de remords, à nous qui sommes tranquillement assis devant notre ordinateur. Il fait de la musculation, de la natation, du triathlon et même du tir aux pigeons. Et quand il s'ennuie, il va courir dans les bois en n'oubliant jamais de brancher son appli qui calcule ses performances en temps réel. Dès que sa petite promenade est terminée, les résultats tombent dans notre fil d'actu, avec le kilométrage, le chrono et même le plan détaillé de son parcours. Bref, il court comme on respire, sauf qu'il respire beaucoup mieux que nous parce qu'il n'a jamais fumé la moindre clope, ni même le moindre pétard, et qu'il ne boit jamais une goutte d'alcool. Oui, voilà : c'est celui qui, en soirée, avant de dire au revoir à tout le monde vers 22 heures, boit du Schweppes Agrum' light. Sur Facebook, entre les résumés de ses exploits, se glissent des statuts qui transpirent… le vécu : Vivement les vacances, ascension du Mont Blanc avec quelques potes ! (oui, en plus, il a des amis qui sont exactement comme lui). Ou encore : Pas de saut à la perche aujourd'hui pour cause d'orage… (comme quoi, ce n'est pas parce qu'il est sportif qu'il est complètement idiot). Mais là où il peut devenir très détestable, c'est quand il commente les statuts de ses contacts moins émérites que lui. À celui qui a le malheur de poster un *selfie* devant le Burger King de Londres, il écrit : Beurk. Perso, j'ai arrêté les aliments gras : très mauvais pour les muscles. Et à celui qui a osé courir les 20 kilomètres de Bruxelles en plus d'1h30 (et qui a posté une photo de lui avec son beau dossard), il rétorque : L'année prochaine, faut t'entraîner un peu ! Et ce n'est pas de l'humour. Le sportif est ainsi fait : l'esprit de compétition avant tout. La gagne, le défi, la niaque, l'effort ! Le réconfort ? Pour lui, on ne sait pas trop; pour nous, c'est quand il dort.

Partager

À quoi le reconnaît-on dans la vraie vie ? +

On le croise parfois en vitesse, dans la rue. Il est sur son mountain-bike, à fond les pédales. À l'occase, on l'inviterait bien à une partie du billard, en lui précisant que c'est considéré comme un sport. Mais on sait très bien qu'il va nous regarder avec pitié, avant de s'enfuir en prétextant qu'il a quidditch.

Like

Celui qui…

fait des fausses couvertures de *Martine*

Aaaaah… Martine ! La jeune héroïne, toujours accompagnée de son chien Patapouf (oui, il s'appelle comme ça, on n'en parle jamais, mais peut-être que c'est justement à cause de son nom), est née en 1954. Et pourtant, aujourd'hui, elle est encore plus fraîche qu'un Ice Tea Pêche et plus moderne que Michel Delpech (c'est juste pour la rime… quoique). Grâce à qui ? Les incurables et merveilleux boute-en-train de Facebook qui lui offrent l'immortalité à coups de couvertures revisitées. Des couvertures bien réelles, dont il suffit de modifier le titre (via plusieurs sites Web très faciles à trouver, mais chacun n'a qu'à se débrouiller) pour coller à n'importe quelle actualité. C'est souvent décapant. Et chaque fois qu'on se dit : « Là, c'est bon, avec Martine, tout a été fait… », eh ben y a un petit malin qui en ressert une louche et nous fait *liker* comme des gamins. La nostalgie, camarade ? Ça ne peut pas tout expliquer car aucun de nous n'était né quand Martine a montré sa culotte pour la première fois. Mais la preuve qu'on n'est pas encore tout à fait prêts à grandir, c'est qu'on *like* aussi les parodies de Batman qui flanque une torgnole à Robin, dont il existe des centaines de versions mais une seule et immuable conclusion : « Ta gu… ! »

Partager

À quoi le reconnaît-on dans la vraie vie ?

Il ne jure que par l'humour à répétition. Le « running gag », comme disent nos amis d'outre-Manche. Argument irréfutable : il est propriétaire de trois adorables chiots qui s'appellent tous Patapouf.

L'ÂGE MOYEN DES UTILISATEURS DE FACEBOOK EST DE

22 ANS

Like

Celui qui…

aime le suspense

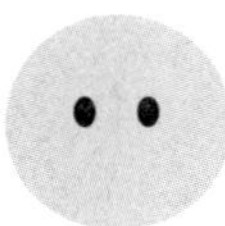

Voilà, mission accomplie ! ou *Pffff…* ou encore *Il ne reste qu'à croiser les doigts…* constituent des exemples éloquents – façon de parler – de ses publications. L'auteur de ces non-dits est un vieux briscard de Facebook : il sait comment entretenir le mystère et en joue allègrement. Rien n'est dit, tout est suggéré. Le hic ? Ceux qui ne connaissent pas le quotidien de cette personne sont obligés de faire appel à leur imagination pour connaître la suite de l'histoire. Ce qui, inévitablement, laisse la porte ouverte à toutes les défenestrations. Il suffit de reprendre nos exemples et de penser à ce qui pourrait se cacher derrière : *Voilà, mission accomplie… j'ai réussi à finir un puzzle de 24 pièces !* ou : *Pffff… mon dealer de cocaïne s'est encore décommandé, il me sort par les trous de nez* ou enfin : *Il ne reste qu'à croiser les doigts… pour que personne ne découvre qu'en fait, je suis fan de Julie Lescaut.* La suggestion coule de source : notre fou du flou devrait arrêter de flouer les foules (note de l'auteur : cette phrase a demandé environ 27 minutes de travail, merci d'apposer un copyright en cas de réutilisation, toutes les autres phrases de ce livre étant libres de droit). Cela ne signifie pas qu'il doit absolument nous raconter ce qui l'a motivé à acheter tel ou tel puzzle, et la manière dont il s'est concentré pour le réussir pièce par pièce, avec les petits moments de sueur, d'émotion et de fierté qu'on imagine aisément. Il ne faut pas que ça devienne un roman de Balzac, soyons clairs. Aller droit au but, parfois, c'est nécessaire. Par exemple, si Hitler avait directement annoncé ses intentions plutôt que de dire un truc vague du style « Votez pour moi, j'ai des chouettes idées », il aurait peut-être évité quelques incompréhensions. Donc voilà. Être précis, ça peut aider. Ne fût-ce que pour épargner à ses proches d'envisager le pire des scénarios. Et à propos de pires scénarios, rassurons quand même notre profil : ce n'est pas si grave que ça d'adorer Julie Lescaut... Il y a bien des gens qui aiment le tir à l'arc.

➦ Partager

À quoi le reconnaît-on dans la vraie vie ? +

Quand on lui demande si quelque chose ne va pas ou si on peut l'aider, il opte pour une réponse évasive comme : **Je t'expliquerai plus tard** (sur Facebook, c'est l'équivalent de **Je te raconterai en message privé**). Au lieu d'être fort et courageux, il préfère le suspense insoutenable. Un peu comme si Spielberg réalisait un film avec des gens qui débarquent dans un parc rempli de dinosaures et, au moment où un T-Rex s'apprête à manger un enfant, le film s'arrête. Bref, il ne va jamais au bout des choses, et, pire, il ne finit jamais ses phrases, ce qui, quand on y pense, est complètement

Message personnel à celui qui...

écrit ses statuts en anglais

Pendant tes études, tu as décidé de faire une immersion en Australie pour apprendre la belle langue de Shakespeare (et d'Elton John, oui, tu as raison, très bonne remarque). Comme tu y es resté six mois et que tu t'es fait plein d'amis qui, comme toi, s'exprimaient en «innglish», tu as eu largement le temps d'oublier ta langue natale. C'est normal. C'est même le principe de base des séjours étudiants à l'étranger : c'est une grande auberge espagnole, mais où personne ne parle jamais espagnol. Parce que l'«innglish», c'est beaucoup mieux. Le dialogue universel par excellence. Un truc qui te permet de parler sans langue de bois, même avec une gueule de bois. Tout aurait pu s'arranger à ton retour, en allant consulter un psycholangue. Mais tu étais comme ces soldats revenus du Vietnam : les séquelles étaient trop importantes, et les plaies, trop béantes. Tu n'as plus jamais été le même. Tes proches et ton perroquet ne t'ont pas reconnu. Tu as subi les nuits sans sommeil, les hallucinations et ce cauchemar récurrent durant lequel quelqu'un sonnait à ta porte et se mettait à te parler en français. Tu as eu beau mordre sur ton chewing-gum, les marques de ton voyage en terre inconnue étaient devenues indélébiles. Le mal te rongeait, autant que la souffrance ou la culpabilité. Conséquence : tu ne pouvais plus vivre parmi tes semblables. Devenu un étranger pour eux et pour toi-même, tu as donc choisi l'exil. Tu as trouvé un job dans la com' à Los Angeles, laissant derrière toi des gens qui t'aimaient mais qui ne te comprenaient plus, et pour cause : ils ne parlaient pas anglais. Ensuite, ce fut l'escalade : tu t'es mis à fréquenter des expat's qui, eux non plus, ne se souvenaient plus d'un seul mot de leur langue natale. Puis tu as rencontré ton âme sœur. Une personne remarquable, avec qui tu as choisi de te marier. À partir de là, tu t'es juré une chose : « Plus jamais ça. Plus jamais je ne parlerai français sur Facebook, pour montrer à tous mes amis que j'ai réussi ma *life*. » Et tu n'as même pas remarqué que tu avais épousé une Belge qui, elle aussi, un jour, a parlé parfaitement le français...

Like

Celui qui...

publie des trucs personnels sur le mur des autres

Dis, Viviane, tu viens toujours à la communion de Nathan ? Tu peux passer nous prendre ? Je serai chez papy, et tu sais qu'avec sa prostate, c'est compliqué. Quand ce genre de message apparaît devant nos yeux, visible par tout le monde, il n'y a pas énormément d'explications possibles. Soit son auteur ignore que Facebook, malgré tout ce que certains en pensent, a quand même accepté d'offrir une once de vie privée à ses utilisateurs, et ce via l'onglet « Messages ». Soit c'est de la maladresse pure et simple, et soyons indulgent, ça peut arriver. Soit, enfin, il s'agit d'une personne qui est à bout de nerfs et qui, après avoir envoyé 17 messages privés à Viviane, n'a toujours pas reçu de réponse. Dans ce cas, on peut comprendre, même si c'est quand même dommage que papy, dont la prostate n'est déjà pas au sommet de sa forme, soit la victime de cet énervement. Heureusement, papy n'est pas sur Facebook. Enfin, pas encore, puisqu'il aura bientôt sa photo accolée de cette phrase Mon papy est parti rejoindre les étoiles, il me manque déjà tellement... Mais pour l'instant, donc, il n'assiste pas à ce dérapage, jouant le rôle de simple victime collatérale. Comme tant d'autres, il nous rappelle, contre son gré, que Facebook est (notamment) destiné à assouvir les instincts de voyeurisme inscrits dans l'ADN du vaste peuple numérique. Même s'il nous rappelle aussi que le réseau social ne se porterait pas plus mal s'il était interdit aux gens qui ont recommencé huit fois leur deuxième maternelle. Autre exemple ? Le message suivant qui jaillit soudainement sur notre mur : Terrible, cette soirée Cluedo en porte-jarretelles ! 'Me suis trop marré. Et ton boss n'est pas aussi crétin que tu le disais ! Bien sûr, au moment où notre roi de la discrétion entre en scène, on est justement en train de regarder Cyril Hanouna à la télé et, quand on découvre le méfait sur notre mur, affiché au vu et au su de tous, il est déjà trop tard pour effacer la publication : 85% de nos amis l'ont lue, même s'ils ne nous le diront jamais. Il ne nous reste alors qu'une seule réaction possible : faire semblant de rien, comme si tout cela était absolument normal, puis tenter une pirouette du style : Ah ah ! Très drôle ! Vivement samedi prochain pour le Monopoly en string ! Ah ah ! T'es trop marrant. Mais notre tentative d'humour, certes très habile, tombera à l'eau, c'est évident. Et à partir de là, on sait que plus aucun de nos amis ne nous regardera de la même façon quand on lui proposera un Time's Up. D'autant que notre boss a *liké* la publication de notre pote... Enfin, notre ex-pote.

Partager

À quoi le reconnaît-on dans la vraie vie ?

Imposez-vous l'exercice : invitez quelques amis à manger un bon coq au vin, buvez l'apéro tranquillement et attendez que votre précieux convive soit légèrement éméché. À un moment ou à un autre, il lâchera cette phrase que personne n'attendait : « Et sinon, Cédric, ta femme est au courant pour Natasha ? » Bien sûr, la femme de Cédric (qui n'est donc pas Natasha) revient justement de la cuisine où elle préparait le dessert en discutant joyeusement avec sa copine prénommée... on vous laisse deviner.

TOUT COMME TWITTER OU LINKEDIN, LA PRINCIPALE COULEUR GRAPHIQUE DE FACEBOOK EST LE BLEU. RAISON : LES EXPERTS EN MARKETING AFFIRMENT QUE C'EST LA COULEUR LA PLUS APAISANTE ET LA PLUS SÉCURISANTE

Like

Celui qui…

abuse à mort de la formule « R.I.P. »

La mort des célébrités, Facebook en raffole. Et plus les années passent, plus le réseau social ressemble à un gigantesque Père-Lachaise où les internautes se promènent tranquillement et y vont de leur petit recueillement. On se souvient tous de l'année 2016, durant laquelle David Bowie, Prince, Fidel Castro, Leonard Cohen, George Michael et même la princesse Leia sont partis rejoindre les étoiles. Là où beaucoup se sont contentés de crier Fuck 2016 ! pour témoigner de leur colère face aux choix très contestables (du moins dans certains cas) de la Grande Faucheuse, il y a un profil qui a été particulièrement bavard et qui, comme Louis XVI à son époque, ne savait plus où donner de la tête : le fan de la formule « R.I.P. ». Parce que pour lui, peu importe le nom du mort : lui rendre hommage est une question de vie. Et à chaque nouveau défunt, il nous sort à peu près la même rengaine avec un statut hyperinspiré : R.I.P. Machin Truc (rassurons les proches de Machin Truc, il va très bien, c'est juste un exemple). La victime peut être le batteur d'un groupe de hard-rock dont personne n'a jamais entendu parler, une actrice suisse qui a joué un rôle secondaire dans un téléfilm de Josée Dayan en 1978, voire un philosophe que tout le monde croyait enterré depuis belle lurette... Ça n'a aucune importance : notre roi du R.I.P. s'en tape complètement. La seule chose qui lui importe, c'est de s'offrir à lui-même un beau bouquet de *likes*, en recevant la compassion de ceux qui, comme lui, font semblant d'avoir bien connu la victime... ou la considèrent soudainement comme un génie alors que seul son nom leur est familier. Parfois, il suffirait de presque rien (Serge Reggiani, 1922-2004, R.I.P. l'artiste) pour qu'on ait l'impression que la star décédée faisait partie de sa famille proche, tant la tristesse est démesurée : il n'est pas rare de croiser des statuts du genre Je suis effondré... que notre profil n'aurait même pas utilisé pour rendre hommage à son propre grand-père. À côté de cela, pour le meilleur ou pour s'enfuir, le roi du R.I.P. peut prendre un tout autre visage et sortir une carte beaucoup plus inattendue : le jeu de mots (ou le jeu de mort, oui, merci, c'est très cocasse). Imaginons que Véronique Sanson tire sa révérence, ça donnerait : Définitivement sans son, ah ah ! Tom Cruise nous quitte soudainement ? Parions sur un : Tombe Cruise, LOL ! Nicolas Sarkozy passe l'arme à gauche ? Casse-toi, pauv' con ! Susan Boyle lâche la rampe ? Préparons-nous à : Ça, c'est vraiment pas de boyle... Notre profil ne cherche pas la subtilité, il attend simplement que le temps fasse son œuvre pour se poiler. Ce qui est dommage, c'est que le jour où son heure viendra, personne n'osera faire le moindre calembour sur son mur. Alors que, si ça se trouve, il aurait adoré ça. Et en admettant qu'il s'appelle Enrico, on mourrait tous d'envie de lui dire Enrico Rbillard, mdr !

➦ Partager

À quoi le reconnaît-on dans la vraie vie ?

Il adore se promener du côté de la Grand-Place, à Bruxelles. Il s'y assied, y fait quelques mises en bières (il boit de la Jupiler, donc), puis se glisse dans le flot de touristes et se dirige vers le Manneken Pis en priant très fort pour que le gamin en bronze, lui aussi, un jour, passe de vie à trépas. Parce qu'à ce moment-là, il pourra rédiger le statut Facebook dont il rêve nuit et jour : Rest in Pisse.

FACEBOOK POSSÈDE 2 MILLIARDS D'HABITANTS. SI C'ÉTAIT UN PAYS, CE SERAIT LE PLUS PEUPLÉ DU GLOBE. EN COMPARAISON, INSTAGRAM EST À 700 MILLIONS, ET TWITTER À 328 MILLIONS

Like

Celui qui...

picole

Ses photos parlent pour lui : une jolie bière d'abbaye par-ci, une belle coupe de champagne par-là, et des verres à moitié pleins (oui, comme lui) un peu partout, qui contiennent tout ce que le rayon "alcools" des supermarchés est capable d'inventer pour appâter notre fervent défenseur de la liberté d'inhibition. Le constat est aussi amer qu'un bon vieux Campari : tout ce qui compte à ses yeux, c'est l'apéro. En terrasse, si possible. Au bord de la piscine, quand il a dégotté des amis riches pour l'accueillir. En fin de semaine, généralement. Le lundi ou le mardi, quand on a affaire à un fêtard qui s'assume pleinement. Pour accompagner ses photos Facebook, le gaillard adore montrer qu'il possède un humour enivrant, en nous arrosant d'une prose de comptoir que l'on connaît comme notre pochtron. Sa phrase fétiche : L'alcool ne résout pas les problèmes. Cela dit, l'eau et le lait non plus. Les remplaçantes : Les bons crus font les bonnes cuites ou encore Je préfère être ivre de bonne heure qu'ivre de bonheur. Celle qu'il ressort uniquement pour les grandes occasions : L'alcool est mon ennemi. Fuir son ennemi, c'est lâche. Bien sûr, on ne parle pas de ses gueules de bois à gogo, dont les conséquences arrivent généralement en fin de matinée dans notre fil d'actu sous une forme beaucoup moins poétique : Bouhahaaa... Ma tête ! Plus jamais de mélange, lol ! Traduction : il recommence le lendemain. Un ami à fréquenter avec modération, cela va sans dire. Car, comme le disait Frédéric Dard : « Tout n'est pas cirrhose dans la vie. »

Partager

À quoi le reconnaît-on dans la vraie vie ?

Les signes les plus distinctifs, ce sont les SMS que l'on reçoit à trois heures du matin. Mais là où il nous a vraiment fait marrer, c'est quand il nous a annoncé, lors d'une soirée raclette, qu'il participait à la fameuse « tournée minérale ». On s'est poilé pendant des heures. On a même bu un dernier verre de whisky avant de partir, tellement on rigolait. Au moment des adieux, on lui a quand même dit qu'il avait raison et, surtout, qu'il fallait consommer l'alcool avec modération. Il nous a répondu : Mais c'est qui, ce Modération ? Et là, on a compris qu'il n'y aurait jamais qu'une seule chose positive dans son existence : son taux d'alcoolémie.

Celui qui...

écrit trop bien

Parfois, je me dis que le monde d'aujourd'hui est étrange : on panse les blessures sans les soigner, puis on s'étonne que les plaies se rouvrent. Or, je pense que la panacée vient du quidam et de l'osmose, et non de l'élucubration. Peut-être que l'humain a oublié de se façonner et de mûrir, à force de rêves devenus cauchemars, et de pulsions devenues miroirs. Peut-être que l'on a mérité nos ennemis, ou peut-être que nos tourments ne sont que des spasmes anodins dans la longue avenue qui mène à l'insidieuse plénitude. Si je vous fais part de ces pensées, chers amis Facebook, c'est parce que face à cela, lorsque la nuit déverse son obscurité latente, je me mue en être triste, au point de pleurer des rivières... Ainsi s'exprime le poète/écrivain (biffez la mention inutile) incompris/ténébreux (idem) de Facebook qui, au moindre événement funeste qui surgit dans l'actualité ou dans sa vie, se sent obligé de nous ouvrir son petit cœur pour évoquer ses angoisses et ses espoirs. Son dada : les réflexions interminables. Sa force : des phrases qui méritent une cascade de *likes*, tellement tout est super bien dit. Son effort en vaut la chandelle : la majorité de ses amis s'incline face à la prestance et la majesté de ses dires. Commentaires récoltés : Je ne l'aurais pas mieux écrit ou Tu m'as fait chialer... ou encore C'est si vrai et si beau... Rien de tout cela n'est exagéré : notre ami est véritablement un maître ès mots. Un authentique penseur qui, doublé d'un Baudelaire néo-moderne, manie l'éloquence comme personne. Ainsi, en lisant ses errances verbales, on se demande pourquoi notre artisan de la locution n'a pas encore décroché le prix Goncourt, ce qui peut bien lui manquer, lui qui a un avis sur tout, de la prose à revendre et de la littérature plein l'esprit. Et en fait, plus on y réfléchit (oui, ça nous arrive aussi), plus la réponse semble évidente : il n'a tout simplement pas le temps. Parce que l'air de rien, on ne se rend pas compte, mais quand on doit à la fois écrire et s'écouter écrire, les journées filent...

➦ Partager

À quoi le reconnaît-on dans la vraie vie ?

Il adore répéter que « les grands esprits se rencontrent ». Ce qu'il veut dire par-là, c'est qu'il rêve souvent que son esprit rencontre son propre esprit. Ne cherchez pas à comprendre : lui seul se comprend.

Like

Message personnel à celui qui…

dit « J’te la pique ! »

Tu veux dire quoi, exactement, par cette expression ? Parce que bon, si tu es vétérinaire et que je viens de te confier ma perruche, j’ai quand même le droit de me poser des questions. Mais allez. Disons que tu parles du statut que je viens de poster et qui a déjà fait marrer 19 de mes amis. Je comprends : ça valait (au moins) une blague de Jean-Marie Bigard, tellement c’était habile et finaud. Néanmoins, tu crois quoi ? Que tu peux me voler mes fulgurances humoristiques sans même me demander mon opinion ? Tu penses que la cocasserie est gratuite et que la fantaisie n’a pas de prix ? Et les droits d’auteur, mon gaillard, tu en fais quoi ? Je te prie donc, lorsque tu désires partager MON espièglerie, de faire un virement sur mon compte en banque. Comme communication, tu peux mettre « merci pour la vanne », je comprendrai. Et ne fais pas de mal à ma perruche, sinon, en plus de t’envoyer la CIA, je t’envoie la SPA.

Celui qui…

cherche un plombier sympa, pas cher, honnête et près de chez lui

La détresse de celui qui poste cet appel à l'aide est bien réelle et, quel que soit le tuyau dont il a besoin, on sent que si personne ne lui répond, ce sera la douche froide. En quête d'un salut ou d'un salaud qui pourra lui permettre de revenir à une vie normale, il est convaincu que Facebook possède la solution à tous les problèmes du monde, peu importe la blessure à panser. Heureusement, les miracles, ça existe. Surtout sur Facebook, où les réponses se mettent très vite à couler (oui, comme le robinet). Malgré son émouvant désespoir, un statut comme J'ai ce qu'il te faut : la grand-tante de mon ex-belle-mère a une sœur qui connaît un super plombier constitue pourtant l'un des obstacles que notre amputé du siphon doit surmonter. Car il sait qu'avant de pouvoir entrer en contact avec le plombier en question, sa maison aura eu mille fois le temps de se transformer en piscine géante, et qu'il n'aura plus qu'à remplacer les escaliers par des toboggans pour faire croire aux enfants qu'ils vivent dans un aquapark. Pourtant, il continue à placer tous ses espoirs en Facebook, ce gourou capable de prêter un fer à celui qui doit soudainement repasser.

De trouver un kiné à celui qui vient de se coincer une vertèbre en sortant le gamin endormi de la voiture. De dégotter une recette « facile, saine et délicieuse » à celui qui a complètement oublié d'anticiper un repas avec ses beaux-parents. Mais avant que son cher plombier ne sonne à sa porte, il va nager, et pas qu'un peu. Comme celui qui, sur son mur, va jusqu'à tenter cette sollicitation merveilleuse : Cherche quelqu'un qui, jeudi prochain, partirait de Liège pour aller à Roubaix, et qui pourrait me prendre avec lui dans sa voiture, vers 7h45. C'est beau la foi, parfois.

➦ Partager

À quoi le reconnaît-on dans la vraie vie ? +

Son expression favorite ? « J'ai la tête comme un seau ». Son jeu vidéo préféré ? Mario Bros, cela va sans dire : il ne connaît aucun plombier qui (ac)court aussi vite. Sa philosophie ? Prendre les choses comme elles viennent, au compte-gouttes.

Celui qui...

regarde des séries

Le pire de tous, c'est celui qui regarde *Game of Thrones* et qui se lève au milieu de la nuit chaque fois qu'un nouvel épisode est diffusé aux États-Unis, pour ne pas en rater une miette. Le lendemain matin, son clavier le démange comme jamais : il a une furieuse envie de poster des statuts qui racontent comment les dragons ont déglingué ces f... de p... de Lannister, ou comment Jon Snow a de nouveau fait preuve d'un courage et d'une stratégie à toute épreuve. Bien sûr, ceux qui ne suivent pas *Game of Thrones* ont un peu de mal à comprendre, surtout que cela fait maintenant plusieurs années qu'il répète à tue-tête (ah ah, en voilà une bonne blague sur Ned Stark, hein ! À tue-tête, LOL ! Pardon, là aussi, c'est réservé aux adeptes) que « l'hiver vient » alors que *Game of Thrones* est toujours diffusé en plein été. Évidemment, il sait qu'il n'a pas le droit d'être bavard et qu'il ne peut rien raconter de ce qu'il a vu pendant la nuit. Parce qu'il a bien conscience que, parmi ses amis, certains attendent le lendemain pour regarder le nouvel épisode. En revanche, il apprécie beaucoup moins ceux qui, consciemment, attendent que toute la saison soit disponible, préférant se la manger d'une traite plutôt que de patienter chaque fois une semaine avant de connaître la suite. Ça l'agace, mais là encore, il est prêt à faire un effort, quitte à ronger son clavier avant de publier un spoil maladroit (à toi qui nous lis et qui as plus de 45 ans, un spoil est un acte qui consiste à divulguer prématurément un indice ou un rebondissement scénaristique aux spectateurs qui ne seraient pas à jour). Néanmoins, il y a une catégorie de gens qu'il serait prêt à empaler, brûler vif ou écarteler. Une intrépide communauté de félons, de misérables et de bâtards qui, non seulement, ne se réveillent pas à 3 heures du matin pour regarder des eunuques affronter des morts-vivants congelés (non, ça, ce n'est pas un spoil, c'est un résumé non-exhaustif), mais qui, en plus, ont carrément une saison de retard ! Ceux-là, pour lui, ne méritent même pas leur place sur Terre. Pire : ils ne méritent pas leur place sur Facebook. Autant dire qu'ils ne sont pas près de s'asseoir sur le trône de fer, le seul, le vrai, celui qui n'appartient qu'à ceux qui se lèvent tôt.

➦ Partager

À quoi le reconnaît-on dans la vraie vie ? +

Le matin, il mange un pain aux sept céréales, boit trois litres de jus d'oranges pressées, enchaîne avec trois cents pompes et termine avec quinze tours du bloc en courant sur les mains pour peaufiner sa musculature. Objectif : être prêt en cas de pandémie mondiale, d'apocalypse, d'invasion de zombies, d'attaque extraterrestre, de virus informatique planétaire ou de guerre chimique. Non, il ne regarde pas trop la télé : c'est juste qu'un jour, son écran s'est éteint tout seul pendant qu'il visionnait *X-Files* et, depuis, il flippe tellement qu'il se prépare au pire.

Like

Celui qui…

est à la fois écolo, végétarien, bobo et bio

On est bien d'accord : l'écologie, c'est bien. Trier ses déchets, utiliser des ampoules économiques, écouter Fun Radio avec modération… La pollution est un fléau, il n'y a aucun doute là-dessus. Pareil pour le végétarisme : c'est une super idée, et ça a le mérite de laisser plus de viande à ceux qui aiment ça. La nourriture bio ? Là aussi, rien à dire : c'est bon pour la santé, ça contribue certainement à lutter contre le réchauffement climatique et, même si ça n'empêche pas les avions de voler, ça empêche au moins les pauvres de manger la même chose que les riches. Mais bon ! La question mérite d'être posée : est-on obligé de supporter un ami qui combine ces quatre « qualités » avec une passion qui envahit chaque parcelle de son mur Facebook ? Ses publications s'enchaînent, se ressemblent et se digèrent encore moins bien qu'un maxi-menu du McDo. Cessez d'utiliser la poudre à lessiver : lavez votre linge avec des orties de saison ! ou bien : Si vous continuez à manger des sushis, les océans vont mourir. Son objectif est simple : nous faire trembler jusqu'à ce qu'on ne dorme plus jamais sur nos deux oreilles, en nous apportant des preuves par milliers que, si on continue à vivre comme on le fait, nos organismes vont se modifier au point que, bientôt, nos enfants seront obligés de dormir sur trois oreilles. Il nous abreuve de théories par dizaines, en nous rappelant à quel point l'huile de palme, c'est le diable. Il nous sort des articles avec plein d'images déprimantes qui dénoncent les incivilités dont nous sommes TOUS responsables. Il hante nos nuits, nos journées et même nos fêtes de fin d'année, lorsqu'il nous exhorte à arrêter illico de manger du foie gras ou de verser du citron sur des huîtres vivantes. La mission est semi-accomplie : de temps à autre, il arrive que l'on se sente (un peu) coupable. Mais avec un besoin soudain de poster un article racontant comment un banc de piranhas a dévoré un jeune activiste de Greenpeace sans jeter ses restes au compost.

➦ Partager

À quoi le reconnaît-on dans la vraie vie ? +

Quand il nous invite à manger chez lui, c'est toujours un piège. Pendant la soirée, il tente de nous convaincre de fabriquer notre propre Nutella avec du vrai chocolat (beurk) ou de ne prendre une douche qu'une fois par mois. Pire : pour tenter de nous émouvoir, il projette un film de Yann Arthus-Bertrand. Alors bien sûr, quand on a goûté son jus de cardamome du Costa Rica à l'apéro, on est conquis. Mais on rigole beaucoup moins quand il nous sert ses spaghettis aux insectes...

Like

Celui qui…

n'attend que le vendredi

Il s'exprime sur son mur dès le lundi matin, avant même d'avoir raconté son week-end à Bruges à ses collègues. Il vient seulement d'enlever sa veste, et il n'a encore que deux cafés dans le sang lorsqu'il décide de soumettre à Facebook son premier statut de la semaine, fruit d'une éreintante réflexion : *Et dire qu'on n'est que lundi…* Derrière l'information exclusive révélée dans cette phrase, se cache toute la détresse d'un individu dont l'état ne va qu'empirer au fil des jours. Son agonie est lente, même si elle est émaillée de quelques faibles signes de rémission – hélas éphémères – le mercredi, où il ne doit subir qu'une demi-journée de labeur, du moins quand il a l'excuse de devoir aller chercher ses kids à l'école. Le reste suinte la souffrance, la vraie. Ses statuts *Plus que trois jours !* ou encore *Il est temps que cette semaine se termine* se suivent, se ressemblent et sont parfois complétés par un GIF qui illustre l'extrême rudesse de la situation et l'état de mort cérébrale dans lequel se trouve notre ami. Quelque part, ce ne sont plus vraiment des statuts Facebook, mais plutôt des manières de rassurer son entourage : il respire encore. Plus très longtemps, mais il respire. Et puis, soudainement, le miracle se produit : le vendredi est là. Notre individu se pince la joue, pour être sûr de ne pas rêver. Il s'aperçoit alors qu'une once de bonne humeur est en train de le ramener doucement à la vie, alors qu'un prêtre avait déjà été appelé à son chevet. Il frétille. Il sourit même. Petit à petit, son excitation lui redonne suffisamment de force pour lui permettre de rédiger ce mot plein d'espoir : Vendrediiiiiiii ! On s'incline à nouveau face à la précision de l'info. Une semaine sur trois, on lui offre même un *like* par réflexe, parce que bon, il nous arrive aussi d'être contents que la semaine se termine, nous sommes humains. Le seul truc qu'on ne parviendra définitivement jamais à tolérer, c'est l'ultime assaut du bonhomme, vers 16h30 : Yes, week-end ! Nous sommes humains, mais nous avons tous nos limites.

Partager

À quoi le reconnaît-on dans la vraie vie ?

Le lundi, il est triste. Le mardi, il est de mauvaise humeur. Le mercredi... ça va encore. Le jeudi, il se demande si la vie vaut vraiment la peine d'être vécue. Le vendredi, si on insiste un chouia, il est prêt à nous offrir une caisse de champagne.

Message personnel à celui qui…

rêve du bouton « Je m’en fous »

Alors là, je suis 100 % d’accord avec toi : « aimer », « commenter » ou « partager », c’est un trio de possibilités qui frôle l’avarice, pour ne pas dire l’arnaque. S’appeler Mark Zuckerberg, gagner autant de pognon et être aussi radin, c’est triste. Donc, si on était lui, pour redorer un peu notre réputation, on ajouterait ce bouton « je m’en fous », qui embellirait de façon fort sympathique, pour ne pas dire conviviale, un « réseau social » qui n’en porterait que mieux son nom. Le gars qui a passé un super week-end à Dunkerque ? Je m’en fous. La fille qui s’est inscrite à son premier cours de yoga, a trouvé ça super *peace* mais a quand même quelques crampes ? Je m’en fous. Le préadolescent qui trouve le dernier album de Black M carrément *waow* ? Je m’en fous. L’étudiant qui a des examens qui tombent chaque fois pendant Roland Garros ? Je m’en fous, et ce dernier exemple est d’autant plus épuisant que l’étudiant en question nous ressort la même prose chaque année, comme si cela pouvait convaincre les organisateurs de changer les dates du tournoi afin de lui éviter des échecs scolaires à répétition. Je parie que, là-dessus encore, cher ami, on est raccord. Et comme on est visiblement sur la même longueur d’ondes, je suis sûr qu’à cet instant précis, tu as la même idée que moi : aller encore plus loin. Oui, voilà : toi et moi, on va écrire une lettre à ce monsieur Zuckerberg pour le supplier de nous ajouter des bonus encore plus émoustillants. Comme les boutons « T'as vraiment que ça à foutre ? », ou « Ta gueule », voire « Et en français, ça donne quoi ? ». Et là, tout le monde se demandera comment Zuckerberg n'y a pas pensé plus tôt, même si ce n'est pas lui qui y a pensé.

DANS LE MONDE,
1,8 MILLION
DE *LIKES* SONT DISTRIBUÉS…
PAR MINUTE

Like

Celui qui…

fait la pluie et le beau temps

Il fait partie des experts les plus pointilleux et les plus fascinants que la science ait connus. Pour tout dire, il est même *au-dessus* de la science, puisqu'il ne se trompe jamais, et ce quelle que soit la difficulté de l'analyse en présence. Ses observations sont généralement rédigées à des moments très précis, lorsque son esprit est en pleine ébullition. Aussi, quand le ciel s'obscurcit et que des gouttes se mettent à tomber, il déverse sur son mur ces mots d'une extrême rigueur : Encore de la pluie, pffff… Quel pays de m… ! Autre exemple, encore plus éblouissant : quand les premiers flocons arrivent, notre diplômé en météorologie appliquée lâche cette phrase qui repousse les limites de l'impertinence : Il neeiiiiige ! Capable à la fois de comprendre les dieux et de parler avec les nuages, notre Nostradamus *made in* Facebook offre l'apothéose vers le mois de juillet, faisant à nouveau preuve d'une implacable démonstration de ses facultés : Trop chauuud ! Ça fait un bail que j'avais pas transpiré comme ça ! Il faut évidemment lui dire merci. Merci pour cette justesse, merci pour cette habileté à décortiquer et même à poétiser une situation qui dépasse tout le monde. Merci pour ce don d'être au bon endroit à l'exact moment. Merci, surtout, de nous rappeler cette pensée que l'on oublie parfois : « Regarder par la fenêtre n'est pas un hobby donné à tout le monde » (Stevie Wonder).

➦ Partager

À quoi le reconnaît-on dans la vraie vie ?

Il faut être attentif, mais c'est jouable. En fait, il suffit de le surprendre au moment où il est vulnérable, c'est-à-dire quand il décide d'apporter des preuves irréfutables à ses théories les plus folles. La méthode la plus efficace ? Prenez votre voiture, immergez-vous dans le trafic et observez les véhicules autour de vous. Si vous êtes patients, vous finirez par l'apercevoir : il est en train de prendre une photo de son tableau de bord avec son smartphone. Oui, voilà, ce précieux tableau de bord qui affiche la température extérieure et qui se retrouvera 15 secondes plus tard sur Facebook...

Like

Celui qui…

dit « Ok, je sors »

Chacun connaît, dans son entourage proche, cette personne qui s'autorise une vanne pourrie, puis qui justifie le silence pesant qui s'en suit par un « pardon » ou un « désolé ». Sur Facebook, ce même aveu de faiblesse se transforme en Ok, je sors, une formule qui, en gros, signifie : « Oui, votre Honneur, j'admets que mes feintes ne marqueront pas la longue et passionnante histoire de l'humour, mais c'est plus fort que moi, ce sont des voix intérieures qui me guident, je vous promets que je ne recommencerai pas. » Bien sûr, il n'y a rien de plus faux : il recommencera. Encore et encore. Jusqu'à ce que son besoin soit totalement assouvi ou que Dexter mette fin à ses bas instincts. Il est comme ça. Il agit par pulsion, sans pouvoir se contrôler, incapable de faire mûrir ou de peaufiner ses traits d'esprit. Quand ça vient, il faut que ça jaillisse. Du coup, même quand ça sent l'échec à plein nez, il tente de limiter les conséquences de son acte en ouvrant sa propre issue de secours. Nous, chaque fois, on assiste au fiasco avec une sensation de déjà-vu, en se disant que ce bon vieux farceur, en plus d'être un éternel insatisfait, possède un sacré esprit de contradiction. Parce que chaque fois qu'il nous dit Ok, je sors, il revient quelques minutes plus tard, s'incrustant dans les répliques de ceux qui ont – malgré tout – pris le temps de commenter sa blague à 10 cents. À ce moment-là, on a juste envie de lui dire une bonne fois pour toutes : « Eh ben quoi, mon gars ? Tu ne viens pas de sortir ? Qu'est-ce que tu fais encore là ? Il faut tenir ses promesses dans la vie, c'est important. Elle veut dire quoi, sinon, ta phrase ? Que tu sors juste les poubelles et puis que tu reviens ? Dans ce cas, il faut être plus clair. Tu dois dire : Ok, je sors les poubelles, puis je reviens m'amuser avec vous. Tiens, d'ailleurs, tant que tu es en train de trier tes déchets, n'oublie pas de trier tes blagues, ha ha ha ! Plus sérieusement, y a une question qui me chatouille depuis un p'tit bout de temps : dans le fond… tu sors d'où ? »

Partager

À quoi le reconnaît-on dans la vraie vie ?

Il sort ! Il sort en boîte, il sort de chez lui, il sort avec des filles ou des garçons, il sort de ses gonds… Bref, il sort du rang. Quelque part, c'est un grand illusionniste, puisqu'il passe sa vie à jeter des… sorts (oui, moi, j'assume).

Like

Celui qui...

file un coup de pouce à son cambrioleur

Il fait partie des 90 % d'habitants facebookiens qui, peu de temps avant de partir en vacances, trépignent au point de crier leur impatience à qui veut l'entendre, c'est-à-dire à tout le monde. J-3 avant deux semaines à Tenerife !!! Les infos sont assez faciles à retenir : d'ici 72 heures, n'importe quel cambrioleur aura 14 jours de liberté pour agir en totale quiétude. Alors bien sûr, le brigand pourrait soudainement être en proie au tourment : « Et si quelqu'un venait arroser les plantes au moment où je débarque » ? Pas de panique : souvent, notre profil possède en lui les ressources nécessaires pour rassurer le futur nettoyeur de sa maison, en ne manquant pas de préciser : Heureusement, Valérie passera arroser les plantes chaque mardi ! Pas de doute, le cambrioleur se trouve là face à un inconscient *full options* : désormais il sait qu'il doit passer le mercredi, voire le jeudi au cas où Valérie se serait dit «Bah, j'irai demain, après tout, ils n'en sauront rien et ce ne sont jamais que des plantes, là, j'ai bien envie de rester dans mon canapé ». Certains lecteurs ici présents sont forcément en train de penser que c'est de la paranoïa pure et simple, puisque le cambrioleur ne peut pas connaître l'adresse de la personne en vacances. Bien vu. Mais un rappel s'impose : nous sommes face à un inconscient *full options*. Le genre de profil qui, quand il fête son anniversaire, par exemple, ne peut pas se retenir d'annoncer sa fiesta à tout le monde. Et qu'est-ce qui se passe alors ? Il y a toujours un invité qui ne connaît pas - ou a oublié - l'adresse du fêtard. Et que fait l'inconscient *full options* quand un de ses potes lui demande son adresse sur son mur Facebook ? Eh ben il la donne ! En ajoutant bien sûr : Tu passes quand tu veux, suggestion qu'un sombre inconnu va prendre à la lettre, peut-être même en se permettant de demander Valérie comme amie sur Facebook, au cas où elle aurait été fabriquée dans le même moule. Et Valérie l'acceptera. Et Valérie... ra bien qui rira le dernier.

➦ Partager

À quoi le reconnaît-on dans la vraie vie ? +

Un cambrioleur ? Le reconnaître ? Heu... ben... Il a fatalement une cagoule, une lampe de poche et il marche à tâtons. Mais sinon, c'est difficile à dire... Franchement, vous en avez encore beaucoup, des questions comme celle-là ? Allez, comme je suis vraiment très sympa, voici plutôt une idée de statut Facebook pour vous éviter des problèmes. À l'aube de vos congés, écrivez donc ceci : Samedi prochain, je pars au Sénégal. J'habite au quatrième étage sans ascenseur. Je ne demande à personne de venir arroser mes plantes, parce que je laisse ma mygale en liberté dans l'appart', et en plus, mon voisin du dessous est flic ET insomniaque. À bientôt !

Like

Message personnel à celui qui…

est raciste, misogyne et homophobe

Je vais essayer de rester poli, histoire de ne pas trop te provoquer. Parce que tu n'attends que ça, et je vais forcément perdre un temps dingue à réagir à tes commentaires. Tu es comme ça : un brin nerveux, toujours au taquet pour insulter ton prochain et hyper excité à l'idée de pouvoir déverser ta haine partout où tu passes. T'es un troll, alors reste-le. Je sais bien que tu ne figures pas parmi mes amis, non, non, tu es bien plus sournois que ça. Ton truc, c'est de te planquer dans ton petit coin, invisible. Et puis, perfidement, de te faufiler dans les commentaires des articles qui parlent du terrorisme, des migrants, du mariage pour tous, des Femen, de *Charlie Hebdo*, de la montée en (im)puissance du Front National, des mosquées et de tous ces sujets sensibles qui attirent à la fois les bien-pensants et les non-pensants dans ton genre. Là non plus, je ne vais pas perdre mon temps à trouver des exemples de tes répliques préférées, puisque tu en profiterais pour ressortir tes phrases préférées, qui ne volent jamais plus haut qu'un oiseau mort. En fait, je vais même cesser dès maintenant de causer avec toi, parce que jusqu'ici, dans ce bouquin, je trouve qu'on a plutôt bien rigolé. Allez, salut.

Celui...

qu'on ne connaît pas

On ne se souvient pas trop comment il est arrivé dans notre liste d'amis. Peut-être lors de nos premiers cris sur Facebook, quand on était jeune et beau, qu'on ne faisait que passer furtivement sur ce site bizarre sans savoir qu'un jour, on lui dédierait notre vie. Une époque où on s'excitait encore quand arrivait une nouvelle demande d'ami, alors que maintenant, on s'en méfie comme jamais, effrayé à l'idée de voir apparaître le nom de notre boss, de notre mamie, de notre collègue qui collectionne les tasses avec des poneys dessus, ou même de notre chien. Autre hypothèse : on l'a accepté de manière totalement intentionnelle, très tard le soir, en revenant d'un *cheese & wine*, pensant : « Ça doit être un des gars avec qui j'ai causé sur le balcon en fumant une clope ». Alors que, quand on y réfléchit un court instant, il y a très peu de chance pour que le type en question ait retenu ne fût-ce qu'un seul prénom parmi les gens présents sur le balcon - à part, peut-être celui de la jolie fille qui buvait du champagne - et qu'il y a encore moins de chance pour que son premier réflexe en rentrant chez lui fut de nous retrouver sur Facebook. Bref, on l'a accepté, cet inconnu. Il est là, tranquillement installé dans notre liste de contacts, profitant à volonté de nos réflexions, de nos commentaires et de nos anecdotes sur notre sauvage existence. Il ne nous dérange pas plus que ça, on a fini par s'habituer à sa présence, et il lui arrive même de *liker* nos statuts. Mais il y a quand même une question qui nous taraude régulièrement : « P'tain, mais c'est qui, déjà, ce gars ? » On a été voir son profil plusieurs fois, mais n'y figure aucune info sur son école, son métier ou le club de sport qu'il a fréquenté pendant sa jeunesse. Du coup, dans le doute, on le garde curieusement dans notre liste d'amis, et ce depuis huit ans. La raison est aussi désolante qu'imparable : nous avons quatre amis en commun.

Partager

À quoi le reconnaît-on dans la vraie vie ? +

C'est un peu ça le problème : si ça se trouve, on ne l'a jamais croisé. Mais il a l'air sympa (ceci n'étant évidemment pas du tout valable s'il poste des vidéos de Gérald de Palmas).

Like

Celui qui...

a perdu son téléphone

Il débarque régulièrement dans notre fil d'actu et son statut est inamovible : Téléphone perdu ! Pouvez-vous me renvoyer vos numéros en message privé ? Pas besoin d'être statisticien de profession pour savoir que, dans 95% des cas, les gens n'envoient pas leur numéro. Pourquoi ? Simplement parce que cette personne ne l'avait pas *avant* de perdre son téléphone; pourquoi donc en aurait-elle besoin *après* ? Alors, bien sûr, quand il s'agit de la fille dont on n'a jamais réussi à obtenir le moindre regard à l'école, ou du brun ténébreux de l'unif' qui jouait trop bien de la guitare, la tentation est grande. Mais si le rêve est permis, il a ses limites : ne croyons surtout pas que cette personne nous filera son numéro en échange. Au mieux, une fois qu'on lui aura gentiment donné le nôtre, on récoltera un merciiii ! qui sera suivi par ce piège aussi ancestral qu'insidieux : un petit smiley en forme de clin d'œil qui va nous faire tergiverser sur l'éventualité d'un début de conversation. Mais c'est bien connu, une réponse du genre : Et sinon, toi, ça va ? ne mène absolument à rien. Pas plus qu'un J'espère que tu vas bien, qui sera très souvent suivi par ce silence éloquent qui empêche de dormir pendant de longues heures. Donc, la meilleure option face à ce genre de statut, c'est de faire comme 95% des gens : s'abstenir de toute réaction. Surtout que, dans la plupart des cas, on a l'occasion de se rattraper trois jours plus tard en offrant un bienveillant *like* à cette même personne lorsqu'on découvre son nouveau statut : Ouf, téléphone retrouvé ! Je respire... Ce qui arrive dans 94% des cas.

Partager

À quoi le reconnaît-on dans la vraie vie ? +

Dans la salle d'attente, chez le médecin, c'est le seul qui n'est pas en train de tapoter sur son téléphone (il l'a perdu : merci de suivre). Et qui, du coup, est obligé de regarder les posters exposant les schémas des calculs rénaux ou des rhinites allergiques, voire de feuilleter ces bons vieux *Femme Actuelle* datés de 1987 et remplis de microbes. Alors que, pour la modique somme d'un salaire entier, il lui suffirait de s'acheter un nouveau téléphone. Et pour être encore plus tranquille, il pourrait bêtement repasser au téléphone fixe : personne ne l'appellerait plus jamais, ce qui, l'air de rien, lui enlèverait une bonne épine du pied.

Like

Celui qui…

est obsédé par ses gosses

Il était discret sur Facebook avant d'attendre un enfant. Mais quand la petite graine a été plantée et la première échographie imprimée par la gynéco, il a décidé de ne plus lâcher son clavier. Les multiples étapes de son interminable bonheur ont alors été déversées sans pudeur, au quotidien et en détails. Au commencement, ce fut : Ma crevette m'empêche déjà de dormir, et elle n'est même pas encore là ! Ensuite, il y eut : Le jour J approche, vivement qu'elle arrive ! Enfin : Chloé est née ce matin, ses parents sont fatigués mais heureux. Elle pèse un certain nombre de kilos et bla bla bla… À cet instant précis de sa vie, sans même s'en rendre compte, notre heureux propriétaire d'un nouveau joujou efface progressivement son propre compte Facebook pour le remplacer par celui de son enfant. La photo de profil ? Son enfant. La photo de couverture ? Son enfant. Les statuts ? Son enfant qui fait ses dents, son enfant qui va à la crèche, son enfant qui va aux urgences avec 38,4° de fièvre, son enfant qui marche, son enfant qui court, son enfant qui sprinte, son enfant qui bat le record du monde du 100 mètres, son enfant qui marche sur Mars (pardon : sur *un* Mars). Bref, son enfant qui devient Superman. On sait à quel moment il a faim, à quel moment il vomit et à quel moment il regarde *Tchoupi & Doudou*. On sait quand il a piscine, quand il ne fait plus pipi au lit et quand il part pour la première fois en voyage scolaire (sa maman a un gros pincement au cœur et n'a pas pu retenir ses larmes). Et comme toute bonne publication Facebook est encore plus applaudie quand elle s'accompagne d'images, on reçoit TOUTES les photos des promenades en forêt, de la tenue toute neuve à la rentrée des classes ou du week-end au Parc Astérix, ainsi que l'inévitable cliché du pauvre enfant qui s'assied pour la première fois sur les genoux de saint Nicolas, s'offrant ainsi la plus grosse frayeur de sa courte existence avec un type qui a manifestement fabriqué lui-même son affreux déguisement. Ainsi donc, ce petit être innocent n'a même pas encore mangé son premier croque-monsieur que toute sa vie est déjà disponible en long et en large sur le Web. Plus les jours s'enchaînent, plus on a le sentiment de faire partie de sa famille, comme si on regardait un bon vieux programme de télé-réalité en temps réel : ses chamailleries, ses coups de gueule, ses phrases qui ne veulent rien dire et la moindre de ses émotions sont révélés au grand jour. Et plus les mois passent, plus on finit par oublier complètement le visage de ses parents. Inévitablement, arrive le jour où l'on comprend que la petite sœur arrive, et que la série va connaître une deuxième saison. Le personnage principal sera à peu près le même, abreuvé de *likes* et jeté malgré lui au cœur d'une intrigue finalement assez banale. Mais cette fois, on espère quand même que l'enfant fasse très vite ses nuits. Car lorsque les parents ne dorment pas, pour passer le temps, ils sont capables de commettre des actes très dangereux, comme faire l'amour sans se protéger...

➦ Partager

À quoi le reconnaît-on dans la vraie vie ?

Un peu naïf, il pense que son enfant ne grandira jamais, qu'il restera cet être innocent, frêle et tout mignon qui fera « areu » toute sa vie. Il croit même que son marmot n'aura jamais l'âge requis pour s'inscrire sur Facebook, c'est évident, puisqu'il ne songe même pas à la potentielle vengeance de celui-ci lorsqu'il découvrira que papa et maman ont rempli Internet de photos de lui sans son consentement. Quelle vengeance ? Un juste retour des choses, tout simplement. C'est-à-dire des photos de ses parents à la maison de retraite, avec des statuts qui leur rappelleront forcément quelque chose : Voilà, papa a perdu sa dernière dent ! ou, mieux, Déjà la troisième fois que je change la couche de maman aujourd'hui. Un parent averti en vaut deux...

LE NOMBRE MOYEN D'AMIS PAR UTILISATEUR EST DE

338

Like

Celui qui…

commente TOUS les statuts

C'est plus fort que lui : dès qu'un ami se manifeste dans son fil d'actu, il doit réagir. Ses commentaires ne volent pas plus haut que des éléphants, se résumant à des ah ah ah !, des exagérééé !, des zut alors, des mais naaan et toutes ces pirouettes verbales dont il a le secret. Le statut peut raconter n'importe quoi (oui, certes, la plupart des statuts racontent n'importe quoi, mais nous ne sommes pas ici pour juger ce que les gens publient sur Facebook, ce serait indécent), notre invincible machine à commenter est capable de dégainer ses répliques en deux mots et trois LOL. Un vrai Lucky Luke des réseaux sociaux, qui peut être présent sur 19 statuts en même temps (c'est une moyenne, puisque son record est de 24 commentaires en 9 secondes). Il est tellement fort que certains n'hésitent pas à émettre les hypothèses les plus folles à son sujet : il s'agirait (insistons : ce ne sont que des suppositions) d'une personne (à prendre avec des pincettes) qui, peut-être (ce n'est pas prouvé), s'ennuierait fermement dans la vie. Cela ne nous regarde évidemment pas, donc on ne se prononcera pas. Non sans constater néanmoins un fait assez déroutant : ce commentateur professionnel semble posséder tellement de temps devant lui qu'il ne lâche jamais prise. Et quand on dit « jamais », c'est vraiment jamais. Si on se permet, lors d'un moment d'égarement, de réagir à l'une de ses répliques, son cerveau active un système d'alarmes qui se déclenchent instantanément. Et il re-réplique aussitôt. Un petit jeu qui peut durer longtemps, très longtemps. Jusqu'à ce qu'il ait le dernier mot et qu'il puisse s'endormir l'esprit serein. On peut parler de notre nouvelle série préférée ou de notre pharyngite annuelle, peu importe : il s'acharnera. Il n'a pas vu la série, mais il a quand même un avis dessus. Et il connaît le remède miracle aux pharyngites, alors que, comme tout le monde, il confond très probablement avec la laryngite. Mais il lui faut le dernier mot. Celui qui n'est pas convaincu n'a qu'à essayer : il suffit de lui lancer un vigoureux Ta gueule !, et il répondra inévitablement par un truc du genre Premier qui le dit qui l'est.

Partager

À quoi le reconnaît-on dans la vraie vie ?

Trop fastoche : proposez-lui de jouer au « roi du silence » et il perdra à tous les coups.

Message personnel à celui qui…

fête ses trois mois de relation amoureuse

Mais oui, on est content pour toi. C'est même plutôt génial, ce qui t'arrive. Tu as rencontré ta moitié il y a précisément trois mois, en réussissant à braver les étapes les plus délicates de la vie de couple : draguer, aller au ciné, rouler une pelle, bouffer au McDo et rentrer dans une pharmacie avec un air gêné pour acheter des préservatifs. À vue de nez, tu dois en être au moment où tu lui offres un pendentif avec un demi-cœur, gardant l'autre demi-cœur pour toi. Si ça se trouve, tu as même écrit ton premier poème. Bref, ton cœur (pardon, ton demi-cœur) est empli d'amour et de tendresse. Normal : ça fait trois mois. Il est donc plus que temps de faire savoir à la terre entière que, désormais, ton couple, c'est du costaud. Pour ça, Facebook est le décor idéal : la terre entière s'y trouve justement. Tu postes une jolie photo, en compagnie de l'amour de ta vie. Laisse-moi deviner : vous avez décidé de poster la même photo au même moment, en vous *likant* mutuellement, comme pour montrer que vous êtes super complices, hyper sur la même longueur d'ondes, prêts à affronter ensemble vents, marées et comédies romantiques jusqu'à la fin des temps, quitte à regarder 127 fois *Love Actually* sous le même plaid. S'ensuit une pluie de félicitations.

Un ouragan de témoignages sincères et vibrants. Une tempête de bravos, parce que ça fait déjà trois mois que tu ne t'es pas connecté à Tinder, et que ça, ça force le respect. Il faut dire qu'il y a de quoi s'incliner : les couples qui durent, de nos jours, c'est rare. Je t'avoue : moi aussi, je *like*. Non, non, pas sur ton mur. Je *like* dans ma tête, en pensant à la prochaine photo : celle de vos six mois ensemble, où vous serez encore plus amoureux devant le château de la Belle au bois dormant, à Disneyland Paris. Avec ce sourire un peu benêt qui signifie « Je sors de l'attraction des poupées et j'ai toujours cette foutue musique en tête... »

QUAND ON CHANGE SON NOM D'UTILISATEUR, ON NE PEUT PLUS LE MODIFIER AVANT

60 JOURS

Like

Celui qui…

est persuadé d'avoir la vie de James Bond

Ce matin, en arrivant au boulot, ascenseur en panne… J'ai dû prendre l'escalier ! Incroyable. Intense. Intemporel. Avec lui, l'impossible n'est pas une mission, mais juste son quotidien. Il vit au rythme des situations surréalistes que la vie dresse sur son chemin. Et quel que soit l'obstacle, il le surmonte. Un jour, il a été jusqu'à assister à un spectacle d'Anne Roumanoff : il a réussi à sourire sept fois pendant le show, et cerise sur le défi, il est resté jusqu'au bout. Quelques jours plus tard, il réalisait un autre exploit, également relaté sur Facebook dans ses plus frémissants détails : Aller chercher les enfants à l'école sous la grêle en oubliant son parapluie… Ça, c'est fait ! Que dire face à tant de bravoure ? Et comment féliciter ce James Bond inépuisable qui, quelques jours plus tard, devait affronter son ennemi le plus redoutable : le bulletin de son enfant. Léa a réussi son année : quel soulagement après tant d'efforts ! Notre réaction coule de source : on s'incline. Car à partir de ce moment-là, on comprend qu'il ne s'agit plus d'un simple ami Facebook, mais bien de Jack Bauer en personne (oui, Jack Bauer est encore plus fort que James Bond, même s'ils ont les mêmes initiales… On pourrait aussi discuter du cas de Jason Bourne à l'occase, en écoutant un bon vieux James Brown). Courage, opiniâtreté et abstraction de soi sont les leitmotivs de son existence. Un jour, c'est évident, c'est lui qu'on appellera pour grimper sur une météorite qui se dirige vers la Terre. Non, il n'ira pas en fusée : il ira à pied. Non, il n'aura pas de combinaison anti-feu : un simple K-way suffira. Et il détruira la météorite en lui donnant un bon coup de coude dans les dents. Puis il redescendra sur Terre en chute libre, en dégustant une Vodka Martini mélangée au shaker - pas à la cuillère -, avant d'atterrir sur une plage où nage justement une demoiselle en maillot blanc. Les photos feront bien sûr le tour de Facebook, overpartagées et multilikées. Alors qu'on sait très bien que son héros préféré, même s'il n'ose le dire à personne, c'est Bob l'éponge.

➦ Partager

À quoi le reconnaît-on dans la vraie vie ? +

La nuit, il roule dans une Aston Martin immatriculée JB - 007. Mais le matin, quand il se réveille enfin, il prend sa Twingo immatriculée 123 - LOL et, comme tout le monde, il vérifie l'état de sa tronche dans le rétroviseur avant de s'en aller bosser.

Celui qui…

change sa photo de profil tous les deux jours

La question mériterait d'être posée au BAC philo : « Facebook contribue-t-il à la progression du narcissisme dans notre société ? ». L'étudiant qui répondrait « Pas du tout » finirait avec un joli zéro pointé : la planète Facebook, certes en concurrence avec les satellites Snapchat et Instagram, est peuplée de gens qui semblent hurler « Par pitié, regardez-moi ! ». Des demoiselles et des damoiseaux qui sont convaincus que le monde n'a d'yeux que pour leur minois, et qui, à longueur de semaine, dégainent à tout-va des photos de profil immortalisant leur beauté, leur prestance ou leur sens de la pose. Atteints du trop méconnu TOC - Trouble Obsessionnel Contemplatif -, ils s'auto-admirent avec une humilité (hum) presque fascinante, enchaînant les clichés qui dévoilent et transcendent leur personne. Quitte à faire du noir et blanc. Quitte à oser le regard pensif et le léger sourire en coin, avec ce côté décontracté donnant l'impression qu'il s'agit d'un moment pris sur le vif, alors qu'il a fallu 26 essais pour que le modèle ait l'air plus ou moins naturel. Les amis Facebook s'occupent du reste, en réagissant avec un arc-en-ciel de commentaires. Côté garçons, ça se traduit par : Espèce de beau mâle ou Mec, t'as du bol que je sois pas homo, lol. Côté filles, c'est un mélange entre le pays des Bisounours et le royaume de l'hypocrisie : T'es trop beeeelle !, Mais rooo, j'suis jalouse, tu m'énerves !, Canon ! ou le très sincère Tu ne changes pas… comment tu fais ? Le plus ingénu des psychanalystes posera un diagnostic relativement aisé sur ce genre de patient : un immense besoin de reconnaissance dû à une enfance chaotique, un parent fan de tuning ou qui obligeait le pauvre bambin à regarder *Les anges de la télé-réalité* avant d'aller au dodo. Mais cela nous éloigne de la question du BAC : oui ou non, Facebook a-t-il créé des machines à s'auto-aduler ? Pour aider ceux qui sont encore emplis de doutes, voici un petit argument bonus : parmi les *likes* récoltés sous la (nouvelle) photo de leur cher profil, il arrive que l'on trouve… le cher profil en question. Et ça, Freud lui-même n'avait pas imaginé que ça puisse un jour arriver.

➦ Partager

À quoi le reconnaît-on dans la vraie vie ? +

Quand il va faire des photos pour sa nouvelle carte d'identité, il reste environ 45 minutes dans le Photomaton, cherchant les filtres qui le rendent (encore) plus beau. En découvrant que ces filtres n'existent pas, il se rend au guichet pour porter plainte. C'est là qu'on lui explique que, de surcroît, il n'a pas le droit de sourire sur la photo. Une demi-heure plus tard, il est chez son médecin, et le diagnostic est irrévocable : *burn out*.

Celui qui…

love son job

Il a décroché un ticket pour le paradis. Un job où ses collègues sont encore plus sympathiques, pour ne pas dire plus mielleux, que Winnie l'Ourson. Un job qui lui permet de rencontrer plein de gens exceptionnels, drôles et cultivés. Un job où il reçoit des chocolats à Pâques, des chocolats à Noël et des pains au chocolat aux réunions. Un job où il peut exposer ses idées, imaginer des concepts et faire avancer des dossiers, pour ne pas dire le monde. Tout cela avec un horaire pépère grâce auquel il profite de sa vie de famille et de ses loisirs, sans même devoir répondre à ses mails le dimanche. Même que souvent, il va manger avec son patron sur une terrasse où il y a du soleil. Bien sûr, il va skier en hiver, il fait des *selfies* avec des gens connus et tous ses rendez-vous professionnels ont lieu dans des cafés branchés où l'on sert des jus de fruits frais sans gluten. Le travail de rêve, qui se traduit sur Facebook par des statuts ou des photos qui sont toujours ponctués du hashtag #Ilovemyjob. On ne peut évidemment pas lui en vouloir : il doit y avoir, sur la Terre, entre 90 et 100% des gens qui vont bosser avec des pieds de plomb. Et lui, il va bosser avec des pieds parfaitement lavés, après avoir pris une douche tiède en sifflotant *Fais comme l'oiseau*. Il a bu son cappuccino avec des sucrettes, il a mangé un œuf à la coque (non, pas un œuf à la coke, ça c'est en Colombie) et une tartine à la confiture. Ses cheveux sentent la lavande, ses habits sont repassés et le chien aboie de bonheur après sa promenade. La personne qui a l'immense chance de partager sa vie l'embrasse tendrement, puis il monte dans son 4x4 hybride tandis que le printemps se met doucement à chantonner. En arrivant au bureau, il embrasse ses collègues avec un sourire jusqu'aux orteils (comme quoi, quand on a les pieds propres, tout est possible). Puis il enchaîne joyeusement les présentations PowerPoint et les téléconférences avec la conviction que, question bonne humeur, les Télétubbies n'ont rien inventé. Bien sûr, qui dit *love*, dit *like*. Et ne pas *liker* les statuts s'achevant par #Ilovemyjob, c'est un peu comme admettre que, nous, on fait un boulot de merde. Alors on *like*. En se disant que, le lendemain matin, on se savonnera les pieds avec un peu plus d'attention sous la douche, parce que ça a l'air d'en valoir la peine.

Partager

À quoi le reconnaît-on dans la vraie vie ?

Il nous fait un peu penser au sketch *Le blond* de Gad Elmaleh. D'ailleurs, comme par hasard, il a justement eu l'occasion de rencontrer Gad Elmaleh lors d'un *walking-cocktail* organisé par le boulot. Et, comme par hasard, Gad Elmaleh lui a dit : « J'aime beaucoup ce que vous faites ». Et toujours comme par hasard, trois jours plus tard, Gad Elmaleh écrivait le sketch *Le blond*.

Message personnel à celui qui…

souhaite un « bon anniversaire »

Oh, ne t'inquiète pas, je sais que ça part d'une bonne intention. Mieux : sache que ça me fait plaisir. Vraiment. Le couac, c'est que, chaque année, ton message ressemble un peu à celui de l'année précédente. Il commence par Bon annif' ! (je m'incline), il se poursuit par Fête ça bien ! (le niveau monte d'un cran), et il se termine par Biz, à bientôt (alors qu'on ne s'est pas revu depuis la crèche). Encore une fois, c'est sympa. Et je n'ai rien contre les traditions : la preuve, je gueule moi-même « Bonne annéééée !!! » chaque 31 décembre à minuit, sans jamais changer une virgule à ma prose ni à mon état proche de l'Ohio. Mais disons, qu'à mon avis, il y a moyen de faire mieux. Attention, hein, je sais bien que, parfois, tu fais des efforts. Comme l'année où tu m'as lâché cette phrase complètement décalée dont je me souviendrai toute ma vie : Joyeuses Pâques ! Ah ah ah. Qu'est-ce que j'ai ri. Et je suis conscient qu'il existe des cas bien plus graves que le tien, comme celui qui, lorsque ma fête tombe un mardi, me lance ce bon vieux Joyeux mardi ! (dont il existe précisément six variantes toutes plus désopilantes les unes que les autres). Pourtant, je reste convaincu que l'infinie richesse de notre langue française permet d'aller plus loin. Tu me promets d'y réfléchir, hein ? Si oui, de mon côté, je jure solennellement que j'arrêterai de répondre simplement merci à ton message. Et à la fin de ma journée d'anniversaire, je ne posterai plus ce statut impersonnel qui remercie chaleureusement tout le monde : Vos attentions et vos mots ont rempli ma journée de joie : grâce à vous, je me sens plus jeune ! Parce que t'as raison : ça aussi, je comprends que ça puisse donner envie de souffler (mais non, pas les bougies, t'es bête).

UN ÉVÉNEMENT COMME
LE SUPER BOWL GÉNÈRE
À LUI SEUL 265 MILLIONS DE
STATUTS, DE *LIKES*
ET DE COMMENTAIRES

Celui qui…

lol le Gorafi

Pour lui, l'information, c'est beaucoup plus drôle quand ce n'est pas vrai. Les titres des articles qu'il poste à longueur de journées ? Exclusif. Une étude scientifique révèle que les supporters de football ont un QI supérieur à la moyenne ; Aveux : 70 ans après Hiroshima, les Japonais reconnaissent qu'ils l'avaient quand même un peu cherché ; ou bien Pascal le grand frère n'a, en réalité, ni sœur ni frère. Plus c'est improbable, plus il kiffe. Et plus c'est faux, plus il jubile. La faute à ces sites web des temps modernes qui ont transformé le genre en phénomène et qui, juste pour le fun, déglinguent l'actu au nom du droit au grand n'importe quoi. En Belgique, *NordPresse* bâcle le genre en omettant la subtilité, en copiant-collant des vannes venues d'ailleurs et en versant dans le graveleux de bas-étage. En France, le célèbre *Gorafi* fait preuve de finesse et mérite largement son statut de gourou en la matière. Son profil ne jure que par lui, convaincu que Jean-Pierre Pernaut et Laurent Delahousse n'ont plus leur place dans la société actuelle. Bien sûr, on ose imaginer qu'il sait que les articles qu'il publie sont des farces. Ce qui n'est pas forcément le cas de tout le monde. Il ne faut pas chercher très loin : parmi ses propres amis jaillit très souvent un individu qui est né au premier degré et qui mourra au premier degré. Un être que le génie du *Gorafi* n'atteint pas (oui, le *Gorafi* est un génie, il n'y a aucun doute là-dessus, et le premier qui dit le contraire a perdu). Un être qui ne regarde jamais la source d'un article, convaincu qu'Internet a juré de dire la vérité, toute la vérité, rien que la vérité, et ce jusqu'à ce que l'humour les sépare. Un être qui, du coup, est capable de réagir à un article totalement bidon en s'offusquant par un Dis-moi que je rêve ! qui en dit long sur ses mécanismes cognitifs. Parfois, les réponses sont d'une cruauté insoutenable (avant de poursuivre la lecture de ce livre, mieux vaut coucher les enfants) : T'es con ou quoi ? C'est un article du Gorafi ! Et on s'interroge inévitablement sur la libre circulation des individus sur les réseaux sociaux, lorsque notre cher piégé se retrouve face à un commentateur encore moins préparé que lui à l'infamie numérique, qui lui répond : Mais bien sûr que les footballeurs sont moins bêtes que les autres : la preuve, ils sont plus riches ! Tu croyais quoi, pauv' naze ? On laisse évidemment nos fins limiers du débat terminer leur petite discussion, non sans penser à l'éternel lover du Gorafi qui, lui, se contente de jubiler dans son coin. Et qui, chaque fois que son calendrier indique le 1er avril, s'excite de plus belle. Parce que, pour lui, ce jour-là, Facebook se transforme en paradis. Il plane, il frissonne, il vole. Plus rien n'est vrai, plus rien n'a de sens. Les clowns sont de sortie, les poissons nagent et, lui, il plonge petit à petit dans cet univers parallèle où il aurait tant voulu naître...

Partager

À quoi le reconnaît-on dans la vraie vie ?

Il ment comme il respire, et il respire beaucoup. Un jour, il a même réussi à convaincre ses parents qu'il n'était pas leur fils… et ils l'ont cru. C'est évidemment à lui que l'on doit les dialogues de *La Vérité si je mens !*, de *L'Arnaque* et de *Usual Suspects*. Parce qu'il a quand même du talent, faut pas (le) croire.

LA SOCIÉTÉ FACEBOOK, COTÉE EN BOURSE DEPUIS 2012, COMPTE PLUS DE 18 000 EMPLOYÉS À TRAVERS UNE CINQUANTAINE DE VILLES DANS LE MONDE

Like

Celui qui...

nous invite à ses jeux

« Du pain et des jeux ! », criait-on dans la Rome antique. « Oh, ne vous tracassez pas, gardez le pain, je vais juste prendre les jeux », répond ce profil facebookien qui, à longueur de journée, nous envoie des invitations pour prendre part à ses joutes virtuelles nommées *Candy Crush*, *Farmville* ou *Forge of Empires*, dont il existe assez de déclinaisons pour que notre individu frétille jusqu'en l'an 3000 après Francis Cabrel. Pour le punir, on a déjà envisagé les sentences les plus atroces : la pendaison, l'écartèlement ou une nuit entière, forcé à regarder les vidéos de Chevallier et Laspalès. Mais ça ne servirait à rien : le *gamer* renaîtrait forcément de ses cendres, tel un phoenix (le chat) qui ne parvient pas à cerner toute l'irritabilité qu'il provoque chez ses semblables. Alors on réfléchit. On re-réfléchit. Et (un dernier pour la route) on réfléchit encore. Et au lieu de s'énerver, on finit par s'apitoyer. Parce qu'on arrive à la conclusion que, ce qui est assez perturbant, ce n'est pas tellement le fait que l'individu nous convie à ses petits péchés ludiques. Non, ce qui est angoissant, c'est plutôt le fait qu'il passe son temps à y jouer réellement. Toute la journée. Toute la soirée. Attendant que quelqu'un accepte de jouer avec lui. Il oublie juste un détail : la plupart des gens n'ont pas envie de faire des lignes de couleur avec des bonbons en essayant d'éliminer un maximum de gélatine en un temps record. Probablement parce qu'ils sont adultes. Éventuellement parce qu'ils ont des vrais *hobbys* ou même des vrais amis. Et qui sait, peut-être même que ces personnes ont un travail qui ne leur permet pas de s'offrir une pause toutes les vingt minutes. Ça peut paraître dingue, mais ça doit exister. Alors, au lieu de blâmer notre roi du cuberdon et de le retirer vilainement de notre liste d'amis, on finit par le comprendre. Après tout, il n'y est pour rien : c'est à cause d'Internet qu'il est parti se faire voir chez les *geeks* et que sa vie est partie en sucette...

Partager

À quoi le reconnaît-on dans la vraie vie ? +

La vraie vie ? Vu le temps qu'il passe devant son écran, on ne le croise pratiquement jamais. À une époque lointaine, on aurait pu le voir en chair et en os, achetant des jeux vidéo à la Fnac. Mais désormais, il télécharge tout à domicile. On pourrait croire que l'unique manière de l'observer dans un environnement naturel, c'est quand il est contraint d'aller chercher des vivres et du soda à l'épicerie du coin. Mais non : il se fait livrer, ce petit joueur !

Celui qui...

aime les citations

Quand il prend la plume, c'est pour nous livrer une pensée hyper profonde destinée à nous faire réfléchir sur le sens de la vie, de la mort, de l'univers et des étagères. Exemples ? Si tu veux trouver ta voie, ne cherche aucun chemin ou bien Cessons d'être riches d'esprit, soyons pauvres de l'âme. Ça a l'air très subtil, à première vue. Mais en relisant attentivement, on se rend souvent compte que ça ne veut pas dire grand-chose. Normal : ça s'appelle une citation. C'est toujours signé par des gens qui furent jadis célèbres, du genre Sacha Guitry, Confucius ou Platon (de fromage), qu'on imagine enchaîner les phrases qui claquent comme les rois du *stand-up* enchaînent aujourd'hui les vannes. Les gars, tu leur parlais tranquillement de la météo, et ils te répondaient : « Plus les nuages sont près, moins les bateaux vont loin ». Et quand tu te demandais ce que tu allais cuisiner à tes gosses en rentrant du boulot, ils te disaient : « Une raclette, c'est super bon, même si c'est vachement calorique », histoire de bien te montrer que, eux, ils comprenaient tout avant tout le monde. Preuve de leur immense clairvoyance, mille ans plus tard, sur Facebook, leurs écrits mènent la grande vie. Même s'ils sont morts depuis des lustres (c'est d'ailleurs assez triste de constater que, de nos jours, plus personne n'est capable de créer une nouvelle citation, mais c'est sûrement à cause du réchauffement climatique), leurs petites phrases refont surface et font l'unanimité auprès d'une meute d'adhérents posthumes. Le piège à *likes* par excellence. Et du pain bénit pour celui qui poste la tirade : ça le fait instantanément passer pour quelqu'un qui en a dans la cervelle. On connaît même des petits futés (oui, disons des guides) qui évitent soigneusement de mentionner l'auteur de la citation, histoire de laisser sous-entendre par omission qu'ils en seraient éventuellement l'auteur. Bien sûr, on ne parle pas de ceux qui s'acharnent à répéter les citations archi-ressassées de Pierre Desproges ou de Tina Arena, comme si personne ne les avait jamais entendues : On peut rire de tout, mais pas avec n'importe qui (Desproges, donc) ou Aimer jusqu'à l'impossible, c'est possible (Tina Arena). La crème de la crème ? Celui qui emballe les citations de Paulo Coelho dans des petits encadrés bien kitsch, pour essayer d'avoir encore plus de *likes*. Alors que Paulo Coelho disait lui-même (et c'est authentique) : « L'être humain a deux grands problèmes : le premier est de savoir quand commencer, le second est de savoir quand s'arrêter ». Bim.

Partager

À quoi le reconnaît-on dans la vraie vie ? +

Il s'exprime de façon solennelle, comme si chacune de ses phrases devait s'inscrire dans l'Histoire. Quand il va remplir une grille de l'EuroMillions chez son libraire, ça donne : « Qui ne tente rien n'a rien, même si la richesse n'est que l'illusion des aveugles ». Ce à quoi le libraire a tendance à répondre :

« Ok, ça fait 2 euros, bonne journée ». Et là, notre penseur s'en va sur ces mots : « Une journée n'est qu'une seconde dans la vie d'un papillon ». Il quitte alors les lieux, tandis que le libraire ne peut s'empêcher de marmonner : « Oui mais un papillon, ça vole sûrement plus haut que toi »...

CHAQUE UTILISATEUR
PASSE, EN MOYENNE,
23 MINUTES
PAR JOUR
SUR FACEBOOK

Message personnel à celui qui...

a 32 amis depuis sept ans

Certes, tu fais partie de ces gens qui considèrent que les vrais amis se comptent sur les doigts d'une seule main. Mais toi, t'as carrément été amputé, ce n'est pas possible autrement ! Non, je ne me moque pas. Je trouve juste ça un peu bizarre. Et comme ça me fait de la peine, j'aimerais t'aider à améliorer ton score, parce que je suis persuadé que tu négliges certaines pistes. Allez hop, commençons par le début. Les poupons qui étaient au même moment que toi à la maternité, tu les as dans tes amis ? Non ? Demande à ta maman, elle a sûrement les diapositives et les noms. Ne t'inquiète pas, ils ont grandi et, comme toi, ils sont désormais capables de s'exprimer autrement qu'en pleurnichant ou en jaunissant. Et les amis avec qui tu échangeais tes autocollants Panini ? Ah, avoue que tu n'y avais pas pensé à ceux-là ! Merci qui ? Allez, on continue. L'arrière-tante à moustache chez qui tu as passé un week-end de la Pentecôte en 1988, au milieu de la campagne, en jouant à... euh... t'ennuyer : tu l'as retrouvée ? Cherche bien, elle a sûrement été inscrite sur Facebook par ses petits-enfants. Et la prof d'Histoire qui te filait des mauvaises notes, ne me dis pas qu'elle n'a pas un compte ? Faut pas être revanchard, hein : sur

Facebook, on oublie tout. Je parie même qu'en faisant un petit effort, tu peux demander ton ancien voisin en ami. Tu sais, celui qui n'a jamais mis son nom sur sa sonnette, qui ne te disait jamais bonjour dans l'escalier et qui faisait pisser son chien sur ta voiture. Zou, c'est du passé ! Tout comme celle qui a couché avec tous tes amis sauf avec toi. Et dans ce cas précis, c'est même carrément génial : tu pourras retenter ta chance en lui envoyant un p'tit message perso... Elle est pas belle la vie ?

350 MILLIONS

DE PHOTOS SONT AJOUTÉES CHAQUE JOUR SUR LE RÉSEAU

Celui qui…

fait une faute d'orthographe par mot

Dans le règlement officiel de Facebook, il n'est écrit nulle part que le massacre de la langue française est interdit. Une faille dont profitent allègrement les bourreaux de Molière (mais si, Molière… le gars qui a écrit le *Requiem*), qui ainsi perpétuent cette nauséabonde légende selon laquelle les réseaux sociaux pulluleraient de défavorisés verbals (attention y a un piège). Alors bien sûr, très peu de gens se sont inscrits sur Facebook dans l'unique but d'y placer les mots les plus improbables autorisés au Scrabble. Mais est-ce une raison pour se référer uniquement aux mots les plus improbables tolérés dans *Secret Story* ? On va nous répondre que c'est facile de s'attaquer aux faiseurs de fautes et que - justement - ce n'est pas de leur faute, mais bien de celle de l'école, des parents, du langage SMS, des tablettes, des jeux vidéo, de la pollution, de la drogue, du SIDA, de Oui-Oui, des sucettes à l'anis, de Maître Gims et des licornes. C'est loin d'être faux, et en même temps, c'est encore plus loin d'être vrai. Mais surtout, aucun de ces arguments ne résout le problème du harcèlement quotidien commis par ces impétueux génocidaires des auxiliaires, des participes passés, des pluriels et des adverbes qui contiennent plus de trois lettres. Que faire, dès lors ? Se résigner, en faisant semblant de rien ? Certainement pas. Prendre le temps de répondre à chacune de leurs phrases en les réécrivant simplement avec la bonne orthographe ? Même pas sûr qu'ils remarquent la différence. Les insultes ? Ben non, les insultes, il paraît que ce n'est pas poli. Se mettre à leur niveau, en se satisfaisant de statuts du genre Salut les ami, jai besouin d'aide pour mon deguizment d'Haloween, kelkun aurait un super idéée ? ? Impossible : ils ont déjà plein d'amis qui font la même chose. Non, vraiment, face à ce faussaire linguistique, hélas, il n'y a aucune solution. Il faut juste prier, en attendant que la fin du monde arrive, puis qu'un nouveau monde apparaisse, habité uniquement par des êtres à qui on aurait greffé un correcteur orthographique dans l'hypothalamus (oui, ça s'écrit comme ça). Un monde où chaque internaute vouerait une admiration sans borne à ce bon vieux Bernard Pivot. Un monde où on n'aurait pas envie de répondre à notre exécuteur de mots que, pour Halloween, il ferait mieux de se déguiser en Bescherelle.

Partager

À quoi le reconnaît-on dans la vraie vie ?

À l'école, c'était celui qui recevait toujours en dernier sa copie d'interro corrigée. Y avait du rouge partout. Même sur son prénom, qu'il n'a jamais réussi à écrire sans faute alors qu'il s'appelle Robert (oui, bien sûr que tout le monde l'appelait le petit Robert). Aujourd'hui, on ne le verra jamais écrire **Diantre, j'ai une ecchymose, je vais me mettre du mercurochrome**, mais bien **Zut, j'ai un bleu, je vais mettre du truc rouge**.

Celui qui...

fait des statuts colorés

D'abord, un peu d'histoire (non, restez là, c'est inspiré de faits réels, mais c'est intéressant quand même). Un jour, le finaud Zuckerberg et son équipe de sociologues chevronnés décortiquèrent les habitudes des citoyens de Facebook. Après moult discussions, ils constatèrent que les statuts n'étant accompagnés d'aucune photo, d'aucune vidéo ou d'aucun article recevaient moins d'attention que les autres. Une longue réunion plus tard (l'histoire ne précise pas le nombre de capsules Dolce Gusto consommées), les gaillards arrivèrent à la conclusion - démentielle, soyons honnêtes - qu'il fallait proposer des statuts colorés. « Je crois qu'on tient un truc ! », s'exclama l'un d'eux. « Et j'ai même une idée encore plus folle », enchérit un autre. « Chacun de notre côté, on planche sur des fonds colorés bien dégueulasses et, lors de la prochaine réunion, on choisit les plus pourris. Qu'est-ce que vous en pensez ? ». La légende affirme que l'un d'eux osa dire « Heu, c'est quand même un peu stupide comme idée, non ? » et qu'il fut condamné sur-le-champ au châtiment suprême : aller travailler chez LinkedIn. Fin du flash-back (pas vrai que c'était passionnant ?). Nous sommes vers le début de l'année 2017 lorsque les fameux statuts colorés se mettent à envahir notre mur Facebook, aveuglant des mirettes par dizaines et brûlant des rétines par milliers. Un véritable carnage, qui allait néanmoins révéler une implacable vérité au monde entier : c'était mieux avant. Preuve n°1 : malgré l'apparition de ce nouveau joujou, les vidéos de bébés chats continuent à maintenir leur suprématie. Preuve n°2 : les statuts colorés ont peut-être réussi à rendre plus visibles les publications sans image, mais ils n'ont en rien amélioré la qualité de la tirade. C'est un peu comme un livre de coloriage confié à un enfant : le dessin est souvent moins moche *avant* de subir les coups de feutre, et pourtant, le bambin est convaincu que c'est mieux *après*. Pourquoi ? Ben parce qu'on le laisse tranquillement s'amuser, sans rien attendre de lui, au lieu de lui demander gentiment de s'appliquer. Mais bon, allez... Avant de devenir méchants, attendons les statuts en 3D.

Partager

À quoi le reconnaît-on dans la vraie vie ?

Ses journées ressemblent à des arcs-en-ciel, sur lesquels il flâne paisiblement en jouant au Rubik's Cube. Et quand la vie l'oblige à redescendre un peu sur Terre, ça le met de très mauvaise humeur : il nous en fait voir de toutes les couleurs.

Celui qui…

râle tout le temps

Son signe astrologique : Aigri, ascendant Boudeur. Où qu'il soit, où qu'il aille, il trouve toujours une excellente raison d'en vouloir à quelqu'un ou à quelque chose. Bien sûr, Facebook est pour lui le décor idéal pour déposer ses plaintes et ses complaintes. Les trucs qui l'horripilent se comptent sur les doigts de nombreuses mains : la manif dans le centre-ville (Comme par hasard, les syndicats organisent ça le vendredi pour avoir un long week-end !), l'enfoiré qui lui a piqué son vélo (Toi qui as chopé mon bike, je te hais à vie !), son pied gauche qui s'est levé avant son pied droit (Besoin d'un café, sinon je sens que cette journée va très mal se passer !), le prix du nouvel iPhone (C'est du vol !), le prix du transfert d'un footballeur (Tout ça pour courir après une balle, quoi !), les prospectus de Noël qui arrivent dans sa boîte aux lettres en octobre (Alors que saint Nicolas n'est même pas encore passé !), son feuilleton sur France 2 qui a été déprogrammé à cause des championnats d'Europe de gymnastique (Franchement, qui regarde ça ?), le resto qui lui a coûté un bras mais qui n'était pas si bon que ça (Dire qu'on m'en avait dit le plus grand bien… hyper déçu !), Marine Le Pen qui accède au second tour (Dans ce pays de fachos, faut pas s'étonner !), les jours de canicule (Et ce foutu ventilo qui me lâche aujourd'hui !), les contrôles interminables à l'aéroport (Comme si j'avais une gueule de terroriste !) ou encore ce lien, sur son mur Facebook, qui lui avait pourtant juré que « Natalie Portman ne ressemble plus du tout à ça » (Ouais, elle a juste changé de coupe de cheveux, quoi !). Les plus polis d'entre nous le définissent comme un profil légèrement chatouilleux, mais dans le fond, peut-être qu'il s'agit simplement d'un grand hypersensible… doublé d'un vrai casse-couilles.

Partager

À quoi le reconnaît-on dans la vraie vie ?

Il s'énerve contre la guerre (parce qu'il préfère la paix), contre ceux qui ne vaccinent pas leurs enfants (parce que, lui, il vaccine ses enfants) et contre la burqa (parce qu'il n'aime pas se voiler la face). Mais alors, ce qui l'irrite par-dessus tout, ce sont les gens qui ont des opinions arrêtées. Parce que, lui, peu importe l'agacement qu'il provoque, il ne s'arrête jamais…

FACEBOOK EXISTE EN

101

LANGUES

Message personnel à celui qui...

est accro au *selfie*

Oh, je sais ce que tu vas me dire : « C'est pas moi qui ai commencé ». Et c'est exact : ce sont les célébrités qui ont popularisé le *selfie*. Donc, je comprends, tu as dû penser : « si Barack Obama en fait, pourquoi pas moi ? ». Sauf que Barack Obama, lui, il a été chef de l'Amérique, il est sûrement pote avec Morgan Freeman et il a quand même tué Ben Laden. Donc, a priori, lui, il a de quoi être assez fier. Toi, c'est différent : tu es fier de ta tête. Pourtant, y a pas de quoi s'exciter. Je ne dis pas que tu es moche, hein, c'est pas ça. Mais tu n'es pas non plus sur la liste des sept merveilles du monde, quoi. En fait, justement, c'est un peu ça qui me perturbe dans ta démarche : tu fais des *selfies* partout où tu vas, même quand tu te trouves face à un décor incroyable. Tu avoueras que c'est bizarre. T'es devant le Taj Mahal et tu es convaincu que c'est ton minois qui doit figurer en avant-plan de la photo. On est d'accord qu'il y a un problème : le chef-d'œuvre, il est derrière ! Et ta tête à toi, il me semble que tes amis la connaissent déjà. Alors quoi ? Tu veux montrer à tout le monde que c'est bien toi qui as pris la photo ? Tu penses vraiment que les gens ont des doutes et qu'ils se diraient : « Ouais, je suis sûr qu'en fait, il a trouvé sa photo du Taj Mahal dans Google

Images, alors qu'il passe ses vacances à Strasbourg ». Je ne suis pas certain que tes amis soient paranos à ce point, tu sais. Un peu jaloux, peut-être, mais ça s'arrête là. Par contre, ce qui doit commencer à les énerver un peu, c'est quand tu fais des *duck face* sur ton *selfie* ou, pire, quand tu trafiques ton visage avec des immenses yeux brillants, voire en y ajoutant des oreilles de chien. Là, sorry, mais je peux comprendre leur agacement : tu leur tends un peu la perche (à *selfie*).

LE PLUS GROS VOLUME
DE TRAFIC EST GÉNÉRÉ
EN MILIEU DE SEMAINE ENTRE
13H ET 15H

Like

Celui qui...

poste un truc tous les huit mois

Il est muet depuis des dizaines de semaines et, à vrai dire, on a même oublié qu'il existait. Quand tout à coup, épris d'une brutale envie de s'exprimer, il nous fait son petit *come-back*. Nos oreilles sont tout ouïes (ou non). Vu le temps de gestation, on s'attend évidemment à un statut à la fois empli de finesse et de sagesse. Du coup, quand son nom (ré)apparaît dans notre fil d'actu, on retient notre souffle. Notre poitrine s'emballe comme si on était face à une galette des rois et qu'on sentait approcher la fève. On a presque envie d'aller s'acheter vite fait une grande bouteille de Sprite et des chocolats glacés pour profiter pleinement du spectacle. C'est alors que le statut tombe : Il a quand même du bol, ce Brad Pitt, de se taper une Jolie nana ! Le silence s'installe. État d'extase. Nirvana. Applaudissements. Le génie à l'état pur. La cocasserie et l'habileté verbale réunies en une seule phrase. Un *uppercut*, un vrai. Une révélation qui doit ressembler de près à ce que ressentent les pèlerins de Lourdes, de La Mecque ou de l'Atomium. Petit à petit, on reprend nos esprits. La bouche bée, on hésite entre un *like* ou un partage. On hésite tellement que, finalement, le corps encore plein de frissons, on reprend une activité beaucoup plus banale : la vaisselle, les factures ou une de ces choses devenues soudainement insignifiantes. Bien sûr, on a attendu huit mois, et c'était dur. Mais s'il le faut, on serait prêt à attendre seize mois de plus pour lire son prochain statut. Le statut de la liberté, n'ayons pas peur des mots.

➦ Partager

À quoi le reconnaît-on dans la vraie vie ? +

Encore hier soir, on était prêt à supprimer son numéro de nos contacts, vu qu'on n'avait plus aucune nouvelle de lui depuis le mariage de Sophie (qui a déjà divorcé deux fois entre-temps). Mais comme par hasard, juste à ce moment-là, un SMS de sa part est tombé, avec cette question pour le moins surprenante : « Ça va, toi ? » On lui a répondu poliment, bien sûr, en lui expliquant que ça se passait plutôt pas mal au boulot et qu'on venait de renouer contact avec Sophie. Et on a conclu par un *à bientôt* auquel on ne croyait pas nous-même. De fait, il n'a jamais répondu... Enfin, pas encore.

Celui qui...

est là uniquement pour rigoler

Il n'a qu'une philosophie (oui, comme Amel Bent, mais ce n'est pas le sujet) : ne jamais prendre la vie trop au sérieux, puisque de toute façon, on n'en sortira pas vivant. Et quitte à ne pas en sortir vivant, autant faire en sorte que son entourage soit perpétuellement mort de rire. Ses publications dépendent de son âge. Quand il ne poste pas la dernière vidéo de Rémi Gaillard, de Norman ou de Cyprien (adultes s'abstenir), il nous sert un bon vieux clip des Inconnus ou une capsule de *Bref*. Entre les deux, il glisse, des dessins de Cabu ou de Geluck, des caméras cachées, des chats qui ratent leurs sauts, des pubs scandinaves, des sketchs de Florence Foresti, des extraits de jeux télé japonais ou, bien sûr, des gens qui cassent leur mobilier en essayant de faire de la gym chez eux pour devenir les kings de Youtube. Quand il n'est pas du tout en forme (contrairement aux apparences, ça lui arrive), il accepte même de se la jouer vintage avec une arme que plus personne n'ose dégainer : une blague. Qu'est-ce qui est petit, jaune, qui monte et qui descend ? Un petit pois malade dans un ascenseur, ah ah ah ! Bien sûr, on la connaît. Pire, on a tout fait pour oublier que cette blague existait. Mais qu'importe. L'important, c'est qu'on ait sans cesse l'impression d'être, comme lui, à la cour de récré. On peut d'ailleurs compter sur lui quand les aléas de la vie font baisser notre moral d'un cran. T'es viré de ta boîte ? Il trouve une formule comique pour retarder ta dépression, du genre : Un boulot de perdu, douze mois de congé retrouvés ! Tu as la maladie de Parkinson ? Pas de panique, il te dégote une chanson pour oublier : C'est comme un tremblement de terre ! Ton chien s'est cassé une patte ? Pas de bol, ça va te coûter un os ! et bien sûr, tu vas trouver ça hilarant. Il suffit de ne jamais oublier un principe aussi vieux qu'Amanda Lear (suggestion amusante : aller voir la date de naissance de celle-ci sur Wikipédia) : le monde n'est qu'une grande farce. Un jeu géant où toutes les vannes sont permises et où les calembours sont les rois. Mais attention, surtout, il ne faut jamais lui rappeler que « les plus courtes sont les meilleures », au risque de se prendre une sacrée galéjade en retour : « C'est ta femme qui doit être contente ! » Le rigolo n'a aucune limite, il faut le savoir une fois pour toutes… et tous pour un (c'est une blague à lui, hein).

➦ Partager

À quoi le reconnaît-on dans la vraie vie ?

Des bons mots à gogo, des vannes Carambar qui peuvent faire décoller n'importe quelle soirée, et une répartie qui laisse les convives rêveurs… L'homme est repérable dès son arrivée dans une pièce, lorsqu'il lâche sa première boutade : « J'ai apporté du Porto, parce que je pars tôt ! » Bien sûr, on ne l'invite pas pour une soirée-débat sur les thématiques sociales abordées dans l'œuvre de Victor Hugo. De toute façon, dans ce cas, notre sacripant trouverait un prétexte drolatique pour ne pas venir : « Désolé, j'peux pas : j'ai coiffeur » (alors qu'il est chauve, en fait). Mais disons qu'à force de prendre la parole, il nous empêche de sortir nos blagues préférées à nous, comme l'histoire de Toto qui est sur Facebook. Vous ne la connaissez pas ? Ben c'est l'histoire de Toto qui est sur Facebook, y a un fou qui arrive et qui lui dit : « Accroche-toi au pinceau, je retire ton mur. » Bougrement poilant, non ? Bref… Passons au suivant.

SI L'INDE EST LE PAYS COMPTANT LE PLUS D'UTILISATEURS (SUIVI DE PRÈS PAR LES ÉTATS-UNIS), C'EST LE CANADA QUI, PROPORTIONNELLEMENT À LA POPULATION, COMPTE LE PLUS D'UTILISATEURS ACTIFS

Like

Celui qui…

est aussi sur Twitter

On ne sait jamais très bien s'il voyage sur la planète Facebook ou sur la Twittosphère. Est-ce qu'il a une tête d'atmosphère ? C'est évidemment une question à laquelle nous ne répondrons pas, puisqu'il s'agit d'une question complètement idiote : même dans le film dont cette interrogation est issue (*Hôtel du Nord*, pour ceux qui tiennent vraiment à s'instruire), c'était déjà une question idiote. Toujours est-il que l'entièreté des statuts de notre individu sont postés via Twitter. Objectif : toucher en même temps ses twittos et ses... euh... facebookos, sans être obligé d'écrire deux fois le même message. Futé, n'est-il pas ? Oui, et d'autant plus malin que, dans le sens inverse, ça fonctionnerait plus difficilement. Exemple tout bête : s'il décidait de poster la fable du corbeau et du renard sur Facebook et qu'il voulait faire d'une pierre deux coups, cela donnerait sur Twitter un truc du genre : Maître corbeau sur un arbre perché tenait en son bec un fro. Rappelons aux néophytes qu'un message Twitter ne peut pas dépasser les 140 caractères (même si personne n'a jamais vraiment compris pourquoi). Bref, nous avons affaire à quelqu'un de particulièrement pantouflard, qui gère paisiblement sa petite réputation et ses réflexions en bouffant à tous les râteliers. On est à deux doigts de l'emploi fictif. Pas étonnant qu'avec le temps, notre congénère profiteur ait réussi à provoquer la confusion totale dans les esprits. À cause de lui, certains facebookos *pure souche* ont été contaminés par les lois en vigueur dans la Twittosphère et désormais ne peuvent plus s'empêcher de ponctuer leurs messages par le fameux *hashtag* : J'ai acheté un nouveau vélo ! #eddymerckx #dopage #montventouxmevoilà ou bien Le nouveau Star Wars, c'est une claque #quelaforcesoitavecmoi #jesuistonpère. Un mélange de genres auquel on s'est rapidement habitués, nous, les facebookos. Parce que le message posté via Twitter possède un charme dingue : il est vite lu. Ce qui nous laisse beaucoup plus de temps pour nous adonner à notre activité préférée : se repasser plusieurs fois notre fil d'actu, en scrollant notre souris de haut en bas, en attendant qu'un nouveau truc surgisse, voire en relisant plusieurs fois les mêmes statuts. Précisément ce que les twittos, eux, n'ont pas le temps de faire en raison du flux incessant d'infos qu'ils avalent à la seconde : #tropresséd'êtreaucourant #larussieenvahitlacorée #ahnon #sorry #cétaituneblaguedugorafi #défaitedupsgcontrebarcelone #6-1 #ahouaisquandmême #hanounavomitsurleplateau #etdansleslipdedelormeau. Conclusion : les facebookos sont des gens beaucoup plus sereins, moins gavés et, donc, moins enclins aux troubles mentaux. Oui, le raccourci est discutable, mais désolé, y a un scoop important qui tombe à l'instant : #donaldtrumpvientdedireuntrucintelligent #ahnon #sorry #cétaitencoreuneblaguedugorafi.

➦ Partager

À quoi le reconnaît-on dans la vraie vie ?

Il est capable de faire mille choses à la fois. Déjeuner en se brossant les dents #mêmchichèpafachil, jouer aux échecs en peignant un mur #échec #et (#peinture) #mat, ou prendre un bain en changeant une ampoule #cloclostaïle. Bien sûr, il ne quitte jamais son t-shirt *I (cœur) ze réseaux sociaux,* qu'il a acheté sur Zalando après avoir vu une annonce sur Instagram… ou sur Snapchat, peu importe, c'est pareil pour lui.

MARK ZUCKERBERG
EST AUJOURD'HUI
L'UNE DES CINQ PLUS GROSSES
FORTUNES DU GLOBE

Celui qui...

est fan de foot

Laissons-lui le bénéfice du doute : peut-être que ses parents ne lui ont jamais dit que le football n'était qu'un sport parmi d'autres. Peut-être même qu'il est né dans les tribunes d'un stade, un dimanche après-midi, entouré de gens qui hurlaient Goaaaaaal ! en guise de bienvenue. Toujours est-il que ses statuts Facebook valent encore plus d'or que le salaire à la minute d'un joueur du PSG. Ce soir, on leur met un 4-0 à l'aise ! ou bien Ah ah, on a encore niqué ces bâtards, ça fait pleeeeziiir sont les redondances de son vocabulaire sagace auquel on a fini par s'habituer. De prime abord, on pourrait croire qu'il a oublié de renouveler son abonnement au *Monde diplomatique*. Mais pas du tout : il n'a jamais entendu parler du *Monde diplomatique*. Non, son truc à lui, ce sont les hors-jeu, les penaltys, les cartons rouges et les corners. Mais attention, pas les arbitres ! Parce que les arbitres, ils sont payés pour truquer les matchs, et d'ailleurs, dans notre fil d'actu, les fraudes sont souvent dénoncées : Y a jamais faute ! Encore un arbitre vendu ! déclame-t-il lorsque son équipe perd. Bien sûr, le reste du temps, son équipe gagne. Parce que le footeux de Facebook n'a pas choisi de supporter des *losers* : il est forcément fan d'une équipe qui gagne quasi à tous les coups. Sinon, ce serait la honte. Cela dit, il faut admettre qu'il possède un côté fascinant (si si), notamment lorsqu'il se met à commenter un match en direct, en nous tenant au courant du score minute par minute (1-0 !, 2-0 !, 2-1 !) ou en nous donnant le nom du buteur avec des statuts emplis de grâce : Ronaldooooo, yes ! ou bien Ce Hazard, quel joueur de ouf ! C'est vraiment dommage qu'il n'y connaisse rien en curling : on passerait des heures à vibrer avec lui...

Partager

À quoi le reconnaît-on dans la vraie vie ?

Le lendemain d'un match, il faut regarder attentivement son accoutrement. Si son équipe a gagné, il aura soigneusement accroché un indice sur son pull, sa chemise ou sa cravate, qui affichera les couleurs de son maillot préféré. Sa tête s'occupe du reste. Sourire cruche = victoire. Mine dépitée = défaite. Un match nul ? C'est à cause de l'arbitre qui a sifflé un penalty totalement scandaleux à deux minutes du terme. Venduuu !

Message personnel à celui qui…

écrit « La n°7 va vous étonner »

Ah ah, tu crois que je ne t'ai pas reconnu ? Pardonne mon langage, mais tu es la fameuse *pute à clics* ! Et si je me permets cette expression, c'est bien parce qu'il s'agit de la formule courante pour désigner ton comportement, hein. Sinon, tu penses bien que je pèserais mes mots - même si, a priori, je n'ai rien contre la vulgarité. Sérieusement, La n°7 va vous étonner, vous émouvoir, vous faire marrer, vous faire grimper aux rideaux, vous donner un orgasme, etcetera ? D'accord, tu dois faire en sorte qu'un maximum de gens cliquent sur ton lien pour faire plaisir aux publicitaires qui injectent de la pub sur ton site, mais faut pas exagérer non plus. C'est super flagrant. Et on sait très bien que la n°7 n'est pas plus croustillante que les autres. Pour rappel, tu es responsable d'un site Web, et non d'une maison close. Or, là, tu fais exactement comme les pages Facebook des magazines qui ne savent plus quoi faire pour buzzer. Le lien commence par Ce matin, en Chine, un terrible séisme a provoqué…, et pour avoir la suite de l'histoire, il faut cliquer. Même que parfois, quand je clique, je tombe uniquement sur le début de l'article où on me dit que « ce contenu est réservé aux abonnés ». Traduction : « Eh ouais, on t'a bien eu : si tu veux savoir combien de Chinois sont morts, il va falloir cracher, mais avoue que la bande-annonce est cool ». Ben non, désolé, le suspense est tout pourri. Y a pas si longtemps, je faisais confiance à ce journal parce qu'il était respecté et respectable, parce qu'il m'apportait du contenu et des points de vue. Maintenant, sur Facebook, j'ai l'impression d'être devenu sa proie, un petit truc insignifiant qui doit mordre à l'hameçon et devenir un client parmi d'autres de la grande foire aux clics. Il va sans dire qu'on n'est pas là pour refaire cet éternel débat sur la prostitution, hein : y en a qui sont pour, d'autres qui sont contre. Et moi, c'est tout le contraire (Coluche, si tu m'entends, ne reviens surtout pas : ici, c'est devenu n'importe quoi). Cela dit, il ne faudra pas s'offusquer si, d'ici peu, on grimpe d'un cran et qu'on assiste à quelques surprises du genre : Une guerre nucléaire s'apprête à éclater près de chez vous. Douze membres de votre famille ne vont pas s'en sortir : le n°7 va vous émouvoir. Et puis, surtout : Voici la liste des 15 pays où la presse n'a plus la moindre crédibilité : le n°7 ne va pas du tout vous étonner.

Like

Celui qui…

ne dort jamais

Pour le débusquer, Facebook a tout prévu : dans la colonne de droite, où figurent nos amis en ligne, une petite boule verte est apposée à côté de son nom… et elle ne s'éteint jamais. Quelle que soit l'heure du jour, de la nuit ou même de la sieste, il est là, impassible. Qui est-il ? Que fait-il ? Et surtout, comment fait-il ? Évidemment, en matière de réponses, il faut rester prudents, tant les hypothèses les plus folles circulent à son sujet. Certains voient en lui une sorte de croisement inquiétant entre un mort-vivant et un vampire, qui n'a plus fermé l'œil depuis la nuit des temps, guettant ses proies en silence, l'œil torve et la langue baveuse. D'autres sont convaincus que nous avons affaire à un *serial killer* (un quoi ?) (navré, cette référence exige une connaissance très pointue du cinéma d'auteur). Et bien sûr, il y a ceux qui évoquent une thèse encore plus sordide : cette étrange personne, muette comme une carpette et immobile comme un Playmobil, aurait tout simplement passé l'arme à gauche devant son écran, victime d'un bête infarctus après avoir découvert que le profil de Mimie Mathy était complet et n'acceptait plus aucun ami. On est d'accord, c'est un peu glauque. Mais pas de panique ! Parce que la bonne nouvelle, c'est que, là encore, Facebook a tout prévu : quand l'un de nos contacts décède, on peut très facilement en dégoter un nouveau grâce à la fonction *Retrouver des amis*. Comme le disait très bien François Valéry : *likons*-nous vivants !

Partager

À quoi le reconnaît-on dans la vraie vie ?

Il carbure à l'insomnie, se plaignant au quotidien de ses nuits épouvantables. Ses amis l'appellent Visage Pâle, et il n'en peut plus. Ses collègues, eux, ne le voient jamais arriver au boulot sans un thermos de Red Bull. Quant à sa famille, elle essaye de l'aider à coups de précieux conseils : regarder un épisode de *Camping Paradis*; zapper sur Arte pour suivre le documentaire sur les enfants du Cambodge qui fabriquent des jeans encore plus délavés que leur salaire; ou boire une tisane en lisant un livre de Michel Onfray... Nous, on va encore passer pour ceux qui ont la solution à tout, mais tant pis : on a juste envie de lui dire... « Ferme les yeux, putain ! ».

Celui qui…

utilise encore le *poke*

Lui, c'est sûr, il se retrouvera un jour dans un musée. Il fait forcément partie de ces gens qui vont inscrire leur nom dans la postérité, grâce à leur courage et leur capacité à ne pas tenir compte des modes. Le *poke* ! Personne n'a jamais compris à quoi ça servait. Et personne n'a jamais osé s'aventurer au-delà des quatre *pokes* destinés - dans l'ordre - à un(e) ex, à un(e) future, à un(e) probable et à un(e) impossible. Un truc qui ne sert absolument à rien, donc, si ce n'est à offrir une notification à quelqu'un qui va très vite déchanter en découvrant son contenu. Les théories les plus folles ont déjà circulé sur le Web pour tenter de faire la lumière sur cette option facebookienne aussi vaine que floue. Ici, on a murmuré qu'il s'agissait d'une sincère et langoureuse déclaration d'amitié. Là, on a dit que le *poke* n'était que l'incarnation d'un désir sexuel inavoué mais - allez - avouable virtuellement. En gros, on peut sans crainte affirmer qu'il s'agit d'une tentative de rapprochement, équivalent du "Hé mademoiselle" ou du "Ola beau gosse" de notre vie réelle. C'est-à-dire un truc quand même un peu olé-olé, pour ne pas dire *over hot*. À ce moment précis, certains lecteurs de ce livre se retrouvent soudainement face à une terrible angoisse : ils ont envoyé un *poke* à leur mère il y a environ deux ans. Et pas plus tard que la semaine dernière, ils lui ont offert ce livre. Il va sans dire que l'auteur est sincèrement désolé...

Partager

À quoi le reconnaît-on dans la vraie vie ?

C'est un fan de *Star Trek*, et plus précisément du capitaine Spoke. C'est aussi un féru de jeux de cartes, et particulièrement du strip-poke. Son film préféré de tous les temps ? Sans surprise, c'est Pokeaontas. Bien sûr, il a aussi un faible pour Pikachu et ses amis bizarres... comment ils s'appellent, déjà ?

1,32 MILLIARD

DE GENS SE CONNECTENT CHAQUE JOUR À FACEBOOK

Celui qui…

partage ses morceaux de musique préférés

Le profil se divise en deux catégories : celui qui poste des trucs que personne ne connaît, et celui qui poste des clips que tout le monde connaît un peu trop. La première catégorie est la plus intéressante car elle nous permet de découvrir des tas d'artistes sympatoches, comme une chanteuse de folk croate, un groupe de blues chilien ou un ténor togolais. Sauf que l'érudit en sonorités inconnues possède un défaut (en ré) majeur : la plupart du temps, il partage ses épatantes trouvailles à une heure plus que tardive. Parce que le fan de vraie musique pas commerciale, il écoute ses trucs jusqu'aux petites heures. C'est normal, c'est un oiseau de nuit. Mais nous, à ce moment-là, les oiseaux, on s'en fout un peu, vu qu'on a surtout des moutons à compter. Donc on découvre sa vidéo Youtube le lendemain matin, avec notre tête à peine divorcée de notre oreiller douillet, très peu motivé pour cliquer sur le lien de ce quartet finlandais qui fait de l'ambiant-jazz envoûtant et brumeux. Non, à ce moment-là, si on avait la capacité d'écouter autre chose que l'écho interminable de notre alarme, on aurait plutôt tendance à faire confiance à… la deuxième catégorie. Oui, c'est ça : ceux qui sont convaincus que le top 50 est la seule religion musicale du monde, qui ne jurent que par les compiles NRJ ou Hit Connection, qui brûlent un cierge dès que Pharrell Williams sort un clip et qui n'hésitent jamais à poster un bon vieux Indochine pour se donner un coup de fouet (c'est une image, hein : le fan d'Indochine n'est pas *forcément* masochiste, rassurons les parents). Des trucs qu'on a vus passer 545 fois sur notre mur. Et même si le commentaire affirme C'est trop d'la balle !, c'est dans la tête qu'on a envie de se la tirer, cette balle, face à une offre qui sent un peu trop le bac des soldes de la Fnac. Verdict : le fan de musique est au moins aussi difficile à subir qu'une chanson de Garou. Un exemple qui permet d'ailleurs de tout résumer : Garou, c'est typiquement le gars que la première catégorie insulte dans ses statuts, et que la seconde catégorie vénère dans les siens.

Partager

À quoi le reconnaît-on dans la vraie vie ? +

S'il fait partie de la première catégorie, il porte en permanence un casque sur les oreilles, et il accepte de l'enlever uniquement s'il croise quelqu'un qui a quelque chose de très très important à lui dire, du genre « Fais gaffe, derrière toi, une guerre mondiale ! ». La seconde catégorie est tout aussi aisée à repérer : dans les mariages, c'est la personne qui danse sur chaque morceau même sans être bourrée, qui va demander six fois au DJ s'il peut passer The Black Eyed Peas, et qui quitte les lieux en dernier, quand le DJ a enfin passé The Black Eyed Peas après avoir promis six fois que c'était le morceau suivant.

Message personnel à celui qui…

s’exprime à l’infinitif

Se lever, préparer le p’tit-dej’, réveiller les enfants, boire un café et constater que le réveil a sonné une heure trop tôt, check ! Je t’avoue que ça m’intrigue. Non pas que tu réveilles tes enfants avant de boire un café, parce que ça, à la limite, c’est ton problème. Perso, j’aurais d’abord bu mon café, histoire de pouvoir affronter avec un minimum d’énergie mes mouflets qui sortent de leur sommeil avec les piles rechargées à bloc… Mais je m’égare et je m’en excuse. Surtout que je vais t’avouer un truc : je préfère le thé. Avec une petite cuillère de miel et quelques gouttes de citron. Bref. D’où te vient donc cette curieuse habitude de rédiger tes phrases à l’infinitif ? Perso, je trouve ça un peu trop impersonnel. Et je suis sûr qu’il y a moyen de faire beaucoup plus décalé. Par exemple, écrire au subjonctif : Que je me levasse, que je préparasse le petit-déjeuner en réveillassant les enfants, que je boivasse un café et que je me rendisse compte que le réveil sonnisse trois heures trop tôt… checkasse ! Tu n’es pas d’accord ? Quitte à vouloir absolument ne pas écrire comme les autres, autant jouer le jeu à fond, non ? Après, bien sûr, je te laisse imaginer les variantes. Rien ne t’empêche d’utiliser l’impératif, le plus-que-parfait ou le futur antérieur. Oui, je sais, le futur antérieur, ça ne veut rien dire, pour moi ça restera un grand mystère toute ma vie, j'ai déjà pensé plusieurs fois à rappeler mon prof de français pour lui demander des explications, mais j'ai oublié de noter son numéro quand j'étais à l'école. Alors bien sûr, tu vas me répondre qu'on n'arrête pas de s'éloigner du sujet… et nous y voilà justement ! Le sujet, cher ami, c'est toi ! Et c'est sur ce point-là que tu dois faire un effort. C'est TOI qui t'es levé pour préparer ce p'tit-dej' dont tes mioches se moquent parce qu'ils préfèrent jouer à la tablette. C'est TOI qui as bu un café en sachant très bien que c'est mauvais pour ta tension. Et c'est TOI qui as mis ce foutu réveil une heure trop tôt ! Alors tu vas me faire le plaisir de changer ta formulation, et vite. Avec des « je », point. Et puis surtout, arrête de ponctuer tes phrases par « check », ça m'énerve. Et ce n'est pas la peine de le remplacer par « ça c'est fait », c'est encore pire ! Enfin non, c'est pareil !

LA PAGE PRÉFÉRÉE DES UTILISATEURS FRANÇAIS EST CELLE DE RÉMI GAILLARD. CELLE DES BELGES, BELGIAN RED DEVILS. CELLE DES SUISSES, ROGER FEDERER

Like

Celui qui…

part en vacances toute l'année

Du peu qu'on le connaisse, il n'est ni dealer de cocaïne, ni joueur de poker professionnel, ni en possession d'un parachute doré. Et bien sûr, il n'a pas gagné à l'EuroMillions, sinon, il arrêterait d'avouer sur Facebook qu'il y joue chaque semaine. Pourtant, il nous donne la méchante impression qu'il passe sa vie en vacances. Quand il n'est pas à New York, il est dans les Landes. Quand il n'est pas en Égypte, il est en Bretagne. S'il ne fait pas de la plongée, il skie. Et s'il n'est pas en famille dans les Vosges, il est avec ses potes à Londres. Dans tous les cas, il prend un malin plaisir à le faire savoir à tous ses amis, en publiant des photos accompagnées de ce statut universel : *Moi, ça va. Et vous ?* Bien sûr, on a déjà tous eu envie de lui répondre : Ben nous, on est devant *The Voice* et on t'emmerde. Et les plus vilains d'entre nous ont même déjà rêvé très fort qu'il ait oublié de payer le supplément pour avoir un pilote dans son avion Ryanair. Mais le plus souvent, dans le fond, on le comprend, parce qu'on sait très bien que, sur Facebook, le jeu consiste à prouver que notre vie est plus belle que celle de l'autre. À montrer ses vacances plutôt que ses déchéances. Ses plats mijotés plutôt que ses pizzas bouffées devant la télé. Son écran plasma plutôt que son Viagra. Alors, face à la photo *no filter* qui en jette, on concède un *like* amical, en se disant qu'on se vengera lors de notre city-trip à Barcelone au mois d'août. Comme lui, on postera alors des photos de la vue de notre chambre d'hôtel, du plat du jour au restaurant, de la caïpirinha superbement présentée, de notre tronche dopée au soleil, prise le dernier jour, habillé de blanc. La seule photo qu'on ne postera pas, c'est celle de nos pieds qui dépassent du transat, au bord de la piscine. Ce n'est pas l'envie qui nous manquera, bien sûr. Mais on arrivera à se retenir en se disant que c'est quand même très compliqué de trouver plus ringard. Oui, c'est aussi ringard que la photo prise depuis l'avion, à travers le hublot, avec les nuages en arrière-plan et l'aile où il est marqué Ryanair.

➦ Partager

À quoi le reconnaît-on dans la vraie vie ? +

Sa vie, c'est l'évasion. Il mange de la feta en Grèce, une raclette en Suisse et des tapas en Espagne. Il achète des baskets aux USA, un narguilé au Maroc et du pinard en France. Puis, parfois, quand il est chez lui, il se plaint de ne pas être ailleurs : Pfff, j'étais mieux là-bas... Bien sûr, son métier est connu de tous. Un travail qu'il adore, qui lui permet d'inculquer des tonnes de choses à des petits êtres innocents, qui lui offre 255 jours de congé par an et qui lui inspire souvent des explications du genre : « Oui mais bon, il ne faut pas oublier qu'on doit quand même préparer les cours et corriger les devoirs en rentrant à la maison vers 15h30 ».

Like

Celui qui...

reçoit un message privé d'une fausse bombe

Ces messieurs la connaissent par corps... pardon, par cœur. Elle s'appelle Irina, Deborah, Natacha ou, en tous cas, un prénom qui finit en « a ». Sa photo affiche un sourire charmant, un teint hâlé (les bleus !) et surtout, un décolleté qui ne laisse aucun doute sur ses ambitions : appâter le mâle, l'emprisonner dans ses filets et le faire mordre à l'âme-sein. Bref, c'est une bombe. Et comme par hasard, elle est célibataire. C'est même le premier truc qu'elle précise dans son message rédigé dans un français impeccable : Salu, je mappele Stefania, je me sent seule ce soir, si tu veu encore de la photo de moi, écris-moi sur mon adrèsse perssonelle et tu ne le sera pas décu... Parfois, elle préfère se référer à la langue de Shakespeare, tout aussi éloquente : Hello my dear ! Do you want to see more pictures of me ? I don't know you, but I'm sure we kan be happy together. Bien entendu, on la croit de bois et on la croit de fer, si elle ment, on ira en enfer. Mais y a quand même un truc qui turlupine les mâles : comment lui répondre ? Certains vont opter pour le chemin le plus court, en empruntant aux Inconnus la réponse la plus évidente : Ok, je veux bien regarder tes photos, mais surtout, après, est-ce que tu baises ? D'autres vont essayer d'être un peu plus subtils : Salut, moi, c'est Nicola. J'adore les prénoms qui finissent en « a ». Je trouve que tu as des très beaux yeux, même si on ne les voit pas sur ta photo. Ça te dirait qu'on regarde un film de boules (et Bill) ensemble ? Il y a aussi ceux qui sont convaincus de parler super bien l'anglais : Haï, you are so botifoul, iz it possibel to chatte with you ? Enfin, il y a ceux qui trouvent la situation tout à fait normale, tellement ils sont habitués à accepter n'importe qui parmi leurs amis : Tu es méga jolie, tu sais. Mais là, désolé, je suis en train de lire la biographie de Pamela Anderson, ça t'embête de me recontacter demain ? Merci. Kiss. Bref, dans l'absolu, la bombe ne laisse personne indifférent. C'est presque dommage de devoir la dénoncer comme *profil indésirable* auprès des services secrets facebookiens, alors que, sur le fond (et sur les formes) le mâle n'en pense pas un mot. Des services facebookiens qui, soit dit en passant, n'ont pas l'air de se soucier grandement de ces faux profils : la bombe suivante débarque à peine huit jours plus tard, elle est encore plus maquillée, encore plus plastifiée et encore plus entreprenante. Toujours est-il que Facebook est définitivement un outil formidable : il permet même de rencontrer des gens qui n'existent pas.

Partager

À quoi le reconnaît-on dans la vraie vie ? +

Comme disait Bashung, elle est belle comme un pétard qui n'attend plus qu'une allumette. Forcément, puisque c'est une bombe. Et donc, elle est canon. Et donc, elle fait des étincelles. Et donc, c'est un feu d'artifice. Mais surtout *d'artifices*, dans ce cas-ci.

Celui qui…

crée des cartes de Noël virtuelles

Aaaah, la magie de Noël… Les flocons se posent délicatement sur les toits et les trottoirs… Les enfants mettent leurs souliers près de la cheminée et les lutins se démènent pour emballer les cadeaux dans leur atelier en bois… Les émotions et les sourires s'invitent dans les maisonnettes, près du feu, tandis que les rennes virevoltent dans le ciel étoilé et que les façades scintillent… C'est tellement beau qu'on en viendrait presque à oublier que pendant ce temps-là, sur Facebook, il suffit d'une simple lettre « t » pour transformer les boules de Noël en… boulets de Noël. Profitant allègrement de l'atmosphère guillerette et moelleuse de la fin d'année, les boulets se mettent à poster des cartes de vœux virtuelles remplies de beaux sentiments. Le décor ? Un paysage blanc, un sapin radieux ou un doux morceau de houx. Le texte : La famille Machin vous souhaite de merveilleuses fêtes et une année remplie de belles choses ! Si ça s'arrêtait là, ça passerait encore. Mais pour une raison que même Jean d'Ormesson ignore, notre boulet prend soin de taguer chacun de ses amis, jusqu'au dernier. Un voyage sans détour, en pension complète, vers le pays de Candy, auquel on est obligé de prendre part en raison de notre éducation beaucoup trop catholique. Parce que si on décidait de se détaguer, on passerait forcément pour un rabat-joie. Alors on se dit qu'après tout, Noël n'est qu'un mauvais moment à passer et que, bientôt, la Chandeleur prendra le relais pour éviter - doux Jésus - qu'on se crêpe le chignon avec ce contact encore plus illuminé qu'une guirlande. Évidemment, au fond de nous, on a parfois envie d'attacher notre grand naïf à une croix, et de lui planter quelques clous dans les mains pour qu'il ne puisse plus jamais toucher à son clavier, cela en lui chantant joyeusement *I wish you a merry christmas*... Mais une petite voix, au fond de nous, nous rappelle que ça ne se fait pas, du moins dans notre pays. Et on est conscient que cet ami aurait pu fortement aggraver son cas en écrivant « Noyeux Joël ». Et ça, ouf, il ne le fait pas à chaque fois.

Partager

À quoi le reconnaît-on dans la vraie vie ? +

Il est né dans une crèche, au milieu des ânes et des... ânes. Il croit aux rois mages, à l'eau qui se transforme en bière et au Caprice des dieux. Il vit au paradis bien avant l'heure, convaincu que les anges ont reçu des ailes pour voler entre les maux de ce monde, répandre la paix sur la guerre et transformer la pauvreté en un lointain souvenir. Il pense que rien n'est impossible, à condition d'y croire très fort. Il est même convaincu qu'un jour, les poules auront des dents et que Miss France aura un tatouage *Fuck J.-P. Foucault*. Bref, comme toute personne de foi(e), il exagère juste un peu sur le vin de messe.

Like

Celui qui...

dit « No comment »

Les règles sont assez simples : sur Facebook, personne ne demande l'avis de personne, mais tout le monde donne son avis à tout le monde. Bien qu'on puisse faire un très long débat sur la pertinence du concept (le service après-vente de Facebook répondra à toutes vos questions, c'est promis, il suffit d'être patient et/ou immortel), disons que, plus globalement, l'idée consiste à réagir aux statuts des autres avec un bon petit commentaire de derrière les fagots. C'est là que notre profil entre en jeu. Pour que ce soit clair, partons d'un exemple : Jonathan a écrit sur son mur Bachar El-Assad, il est hyper méchant. Quelques amis de Jonathan ont réagi à cette phrase lourde de sens à travers des répliques avisées : Oui, certes ; Qu'est-ce que t'en sais, tu le connais ? ou encore Raciste ! Bref, le débat bat son plein lorsqu'intervient notre perfide individu avec sa formule magique : No comment. D'où lui est venue cette idée ? Combien de neurones a-t-il perdu dans l'aventure ? Impossible de le dire. Mais disons qu'en prononçant cette réponse d'une absolue sérénité et d'une parfaite roublardise, ce profil a le mérite de nous rappeler trois choses essentielles. Oui, la raison d'être de Facebook, c'est la liberté d'expression. Oui, on a tous au moins un ami qui s'appelle Jonathan dans nos contacts. Et, oui, il y a des gens qui, au risque de ne pas en dormir la nuit, doivent absolument avoir le dernier mot (voir « Celui qui commente tous les statuts »). Cela dit, c'est peut-être aussi l'occasion de rappeler un principe qui, entre parenthèses, ne s'applique pas uniquement à Facebook : « Si ce que tu as à dire est moins beau que le silence, alors tais-toi ! » (voir « Celui qui aime les citations »).

➦ Partager

À quoi le reconnaît-on dans la vraie vie ? +

No comment.

EN MOYENNE,
LES UTILISATEURS CONSIDÈRENT
QUE SEULS 28 % DE
LEURS "AMIS FACEBOOK"
SONT EFFECTIVEMENT DES AMIS
PROCHES

Like

Celui qui...

drague tout ce qui bouge

Partons du principe qu'il s'agit d'un garçon. Bien sûr, il existe des filles qui draguent sur Facebook, mais curieusement, c'est plus rare. Notre homme, donc, est convaincu de se trouver sur un site de rencontres, version virtuelle du *speed dating* et variante un peu plus chic des beuveries estudiantines. Partout autour de lui, les filles affichent de magnifiques photos de profil. Et on peut rentrer en communication avec chacune d'entre elles sans même devoir payer des frais d'inscription exorbitants. Bref, le paradis, mais en mieux. Un royaume de la pêche à la ligne... en ligne, qui rend l'imagination de notre gaillard particulièrement fertile. Ses techniques d'approche ? Tout dépend du Don Juan auquel on se frotte. Le plus célèbre est bien sûr le lourdingue qui envoie un message privé à toutes les jolies nanas qu'il connaît, ou qu'il ne connaît pas, qui leur dit : Je ne suis pas sûr que la loi autorise d'être aussi mignonne, mais c'est promis, je ne vais pas porter plainte. Une drague à la fois poétique et percutante, même s'il est évident que la prose a été empruntée au livre *La drague sur Internet pour les ploucs*. Le deuxième genre de dragueur est beaucoup plus intéressant : il mise sur la subtilité. Sa méthode ? Utiliser ce bon vieux bouton *like* à bon escient, en traquant les photos des agréables demoiselles pour y apposer un... *like* faussement anodin. Malin comme tout ! Il suffit au mâle en chasse de se promener tranquillement de profil en profil, de blonde en brune, de décolletés en tee-shirts mouillés, en attendant patiemment d'apercevoir une photo qui lui sied. Et là, hop, il dégaine son *like*, l'air de rien, en sachant très bien que la demoiselle en question verra apparaître son nom dans ses notifications et s'en retrouvera (éventuellement) émoustillée. Une approche furtive, qui lui évite de passer pour le blaireau de service ou de se faire rembarrer par un doux mot du style « Fous-moi la paix, connard ». La meilleure façon de démasquer l'individu en question ? Aller voir son profil, ausculter sa liste d'amis et compter le nombre de personnes du sexe opposé qui s'y trouvent. Si ce nombre est supérieur à 80%, il n'y a pas le moindre doute sur ses intentions : c'est un dragueur. Et si le chiffre ne monte pas au-dessus des 20%, c'est idem, si ce n'est qu'il préfère naviguer à la voile qu'à la vapeur (ou l'inverse, oui, cette expression n'a de toute façon jamais été très claire, donc peu importe). Quoi qu'il en soit, le profil de *playboy* dont il faut se méfier par-dessus tout, c'est celui qui commence sa phrase par : Salut, tu t'appelles comment ? Parce que celui-là, on peut être sûr qu'en plus d'être envahissant, il n'aura jamais le prix Nobel de clairvoyance.

Partager

À quoi le reconnaît-on dans la vraie vie ?

Il est partout ! Dans l'ascenseur, à l'arrêt de bus, à Walibi, au rayon fruits et légumes, chez H&M... Pour le repérer, rien de plus simple : il vous fera un clin d'œil. Parce que dans la vraie vie, le clin d'œil, c'est l'équivalent du *like*. Vous allez peut-être trouver ça un chouia démodé (oui, comme l'expression « un chouia », mais ce n'est pas le propos). En même temps, mettez-vous à sa place : il ne va quand même pas tendre bêtement son pouce vers le haut s'il vous trouve jolie... Quoiqu'il en est encore capable, ce con.

IL Y AURAIT ENVIRON

76 MILLIONS

DE FAUX COMPTES EN CIRCULATION

Like

Message personnel à celui qui…

met une grille de mots mêlés en précisant : « Les trois premiers mots que tu trouveras symbolisent tes qualités principales »

Mouais… Tu te moques un peu de moi, non ? Parce que la dernière fois que j'ai joué à ton truc, j'ai trouvé « amitié », « générosité » et « luxure ». Et j'ai comme l'impression que tes autres amis tombent à peu près sur les mêmes réponses. Je le vois bien dans les commentaires : Moi j'ai trouvé « passion », « partage » et « sensualité »… c'est tout moi ! Du coup, ça sent quand même un peu l'arnaque. Ne t'inquiète pas, je me doutais bien que ça ne pouvait pas être complètement crédible, hein. Je ne suis pas né de la dernière pluie, comme disent les gens qui ont connu Guy Lux. Mais là, ce qui m'inquiète, c'est quand je m'amuse à tricher (oui, on s'amuse comme on peut) et, donc, à chercher les autres mots qui sont cachés dans la grille et qui m'ont échappé au premier coup d'œil. J'ai alors la sensation soudaine de marcher dans le supermarché des niaiseries : « espoir », « joie », « sympathie », « sagesse », « tolérance » ou, pire, « bonheur » apparaissent devant mes yeux ébahis. Bienvenue chez les illuminés, dans ce monde où tout n'est qu'osmose, Barbapapa et volupté, du moins à condition d'avoir avalé douze cachets de Prozac. Je sais exactement ce que tu vas me répondre : « T'as vraiment un silex à la place du cœur, tu pourrais faire un effort de temps en temps ». Et je vais te surprendre, je suis prêt à le faire, cet effort. J'te jure. Là, par exemple, dès que j'ai fini de te parler, je vais moi-même créer une grille de mots mêlés. J'ai déjà rédigé une petite liste de mots dont tu me diras des nouvelles : « obésité », « chômage », « TF1 », « infarctus », « Larusso », « huissier », « excision », « Sarkozy ». Bien sûr, si tu as d'autres idées, n'hésite pas : je débute, et je suis quasi certain que je peux faire mieux...

UN COMPTE FACEBOOK NE PEUT PAS DÉPASSER LE NOMBRE DE 5 000 AMIS. POUR EN AVOIR À L'INFINI, IL SUFFIT DE TRANSFORMER LE COMPTE EN PAGE

Like

Celui qui...

fait des barbecues

Dès les premiers signes du printemps, notre homme - oui, c'est toujours un homme - dresse l'oreille. De sa fenêtre, s'échappent de joyeux gazouillis. Sur le qui-vive depuis plusieurs jours, humant l'air les cinq sens en éveil, il affûte ses piques à brochette et nettoie sa grille. Dès que le thermomètre monte au-dessus des 16 degrés, il passe à l'attaque. Sur Facebook, son excitation se traduit par un statut inaltérable : Premier barbecue de l'annéééе !!!, image de merguez à l'appui. Là où il est très fort, c'est qu'aucun de nous ne l'a vu venir, zappant complètement le fait que l'hiver venait de toucher à sa fin. L'accro au barbec' n'a certes pas encore enfilé son short, mais sa machine à braises, elle, est sortie de l'abri de jardin depuis 11h du matin, aussi élégante que clinquante. Il a passé son après-midi à la regarder droit dans les yeux, en lui murmurant des mots gentils et en s'excusant de l'avoir abandonnée pendant tant de semaines. Le soir venu, n'ayons pas peur des mots, il est en pleine érection (c'est peut-être pour ça, d'ailleurs, qu'il n'a pas encore sorti son short). Il prend des photos de ses *spare ribs* sous toutes leurs coutures et les poste sur son mur Facebook. Il immortalise ses amis en train de boire du rosé et les joint à son statut, sans oublier d'apposer une photo de lui en train de ventiler le charbon. Il se sent vivant, tant la fin de son hibernation lui donne des ailes (de poulet). Bien entendu, tous ses amis ont compris que le rituel allait se répéter durant tout l'été. Et de fait, jusqu'à la dernière seconde du mois d'août (et plus si affinités), ils ont droit à chacun des festins et à ce commentaire audacieux : Barbeeeeeec' !!!!!! Notre gaillard est comme ça : un rien le rend heureux. Ce qu'il ignore sans doute, c'est que la plupart des gens qui le suivent sur Facebook font, eux aussi, des barbecues. Même si beaucoup attendent que la météo soit un peu moins tiède. Et même si la plupart s'abstient de poster les photos des hamburgers trop cuits et des canettes de bière entassées sur un coin de table. Inutile, pour autant, de lui rentrer dans le lard : l'important, c'est que le fan de barbecue se sente unique au monde...

➦ Partager

À quoi le reconnaît-on dans la vraie vie ?

Il nous envoie un SMS tous les deux jours pour nous convier à un... barbecue. Ce SMS affiche les mêmes mots, dans le même ordre, depuis la nuit des temps : « Un p'tit barbec' ou quoi ? N'apportez rien, à part votre bonne humeur ! » Et ce SMS fait réfléchir malgré tout, parce qu'on a bien envie d'y aller. Sauf que notre conjointe, alors qu'on est seulement en juin, en a déjà ras-la-saucisse des barbecues.

Celui qui…

poste la vidéo de « Despacito »

Ouais, non, rien… C'est juste pour que vous ayez la chanson en tête. Niark niark niark !

Celui qui…

nous a mis au monde

Le parent ! On ne sait pas trop comment il a débarqué sur Facebook, alors que son code génétique n'était pas censé être programmé pour entendre un jour l'expression « réseau social ». On venait seulement de lui expliquer que les cassettes VHS, ça ne servait à rien de les conserver, que les DVD avaient été remplacés par les Blu-ray, et que non, les MP3 n'étaient pas le nom d'un *boys band* des années 1990. Peut-être que le déclic s'est produit quand ses enfants lui ont dit : « Ah si, les vinyles, tu peux les garder, ça revient à la mode ». Là, le parent a dû se dire qu'il n'était peut-être pas encore tout à fait démodé. Et qu'il était donc prêt pour rejoindre Facebook, ce truc dont ses enfants ne cessent de parler avec des arguments indiscutables du genre « C'est trop cool » ou « C'est hyper lol ». Bref, si le parent se retrouve sur Facebook, c'est quand même vachement de la faute de ses mômes. Qui, au fil des mois, vont amèrement regretter de ne pas lui avoir dit : « Facebook ? Laisse tomber, c'est un jeu pour ados avec des dragons et des ninjas et, en plus, c'est en 3D ». Parce que de semaine en semaine, le parent s'est mis à capter le principe. Comme tout le monde, il a commencé par retrouver ses amis d'école et les parents avec lesquels il s'entendait le mieux aux réunions... de parents. Puis, petit à petit, les choses ont dégénéré : il s'est mis en tête de se faire ami-ami avec les amis de ses enfants ou, pire, les ex-petit(e)s ami(e)s de ses enfants. La raison est humble : après tout, il les a laissés dormir plusieurs fois à la maison et a même accepté qu'ils se servent des céréales dans un bol qu'ils n'ont évidemment pas nettoyé avant de partir. La suite ? Tout enfant de parent inscrit sur Facebook la connaît. D'abord, des images inattendues surgissent sur le mur (M'man, step, c'est pas parce que je poste les photos de mes soirées que tu dois poster les photos de notre poulet-compote du dimanche, c'est pas pareil). Ensuite, des commentaires publics livrent quelques informations censées rester confidentielles. Exemple : le surnom que nous donne notre maman depuis qu'on est petit. Alors bien sûr, très vite, survient une envie folle de rayer le parent de sa liste d'amis. Seul hic : ce n'est pas un ami, mais un parent. Et comme on l'aime trop (sortez vos mouchoirs, c'est le passage émouvant du livre), eh bien on se contente gentiment de modifier nos paramètres pour éviter la dissolution familiale.

➦ Partager

+
À quoi le reconnaît-on dans la vraie vie ?

Heu... Normalement, y a moyen sans descriptif.

Like

Celui qui…

dit « Note pour plus tard »

Note pour plus tard : ne pas boire mon café à côté de mon nouveau Samsung Galaxy alors que je suis plus maladroit que Pierre Richard. Ou : Note pour plus tard : en rentrant d'une soirée, ne jamais mettre ses lentilles dans un verre d'eau posé à côté de son lit, surtout quand on se réveille parfois la nuit pour boire de l'eau. Le premier exemple a déjà fait 2,7 millions de fois le tour de la planète. Le second est certes plus improbable, mais il n'a pas du tout été inventé, et l'auteur de ce livre peut en témoigner, à défaut d'en être super fier. Soyons clair : l'expression « note pour plus tard » est aussi surannée que les sur-années depuis lesquelles on glandouille sur Facebook. Parce que derrière, il ne se cache QUE des évidences. Note pour plus tard : coller un timbre sur mon enveloppe avant de la glisser dans une boîte aux lettres. Note pour plus tard : ne pas faire de saut en parachute sans parachute. Note pour plus tard : ne pas dire « félicitations ! » à une demoiselle si on n'est pas certain qu'elle est vraiment enceinte. On le sait, tout ça. Depuis longtemps. Et puis surtout, cette *note* néglige totalement l'un des principes fondamentaux de la vie sur les réseaux sociaux : la procrastination ! Depuis quand on devrait prévoir des trucs pour *plus tard*, alors qu'on passe notre existence virtuelle à cliquer sur des liens répertoriant les 10 piscines d'hôtels les plus incroyables du monde ou le classement des 50 paires de chaussures qu'il faut avoir un jour porté dans sa vie ? Non, désolé, depuis que Facebook existe, on remet déjà assez de choses à plus tard. On est même prêt à parier que certains ont déjà remis à plus tard leur Nouvel An parce qu'ils avaient des vidéos de koalas à visionner.

Partager

À quoi le reconnaît-on dans la vraie vie ?

On peut le trouver sur un lit d'hôpital, en train de bafouiller : « Gmfffpff, faloprif dfwatuur », ce qui veut dire précisément : « Note pour plus tard : regarder à gauche puis à droite avant de traverser la rue. »

IL EST IMPOSSIBLE DE "BLOQUER"

MARK ZUCKERBERG

Like

Message personnel à celui qui...

est dans le Thalys

Toi, au moins, tu as réussi ta vie et ça fait plaisir à voir ! Parce que la plupart des gens que je connais, eux, ils prennent le bus, le tram ou, pire que ça, des trains qui ne quittent jamais leur propre pays. La honte totale. Alors que toi, tu prends le Thalys. Que tu sois en 1re ou en 2e classe, ça ne change rien. Parce que la classe, c'est toi. En plus, généralement, tu n'es pas dans n'importe quel Thalys : tu es dans celui qui va à Paris, la Ville Lumière. Waouw. Respect à vie, quoi. Paris ! La Tour Eiffel, les Champs-Elysées, Notre Dame, la Tour Montparnasse Infernale... Belle, c'est un mot qu'on dirait inventé pour elle. Beau, c'est un mot qu'on dirait inventé pour toi. Je te vois venir : tu vas me demander comment je sais que tu empruntes souvent le Thalys. C'est ça, ton problème : la Ville Lumière a fini par t'aveugler. Tu ne te rends même plus compte que, chaque fois que tu es dans le train, tu t'ennuies tellement que tu cherches n'importe quel moyen de rompre ta solitude. Alors tu écris des statuts Facebook du style Ces gens qui parlent fort au téléphone dans le Thalys, quelle plaie ! Ou bien Sympa, le dernier livre d'Amélie Nothomb (oui, là, t'es forcément dans le Thalys, il n'y a que là qu'on lit les livres d'Amélie Nothomb, et ne me demande pas pourquoi, j'en sais rien). C'est normal, bien sûr, de s'ennuyer dans un train. Tout le monde le fait. Y a même des gens qui s'embêtent tellement qu'ils font mine de bosser frénétiquement sur leur Mac (oui, dans le Thalys, les gens ont toujours un Mac, ne me demande pas pourquoi, j'en sais rien, et s'il te plaît, arrête de croire que je sais tout, on gagnera du temps). Et il va sans dire que je ne te demande pas de prendre un autocar Eurolines pour aller à Paris, puisque je comprends très bien que tu n'aies pas envie de côtoyer des gens qui ne peuvent même pas se payer un wrap végétarien à 12 euros. En plus, dans les bus, cours toujours pour trouver des toilettes propres ! Donc, ça, je comprends. Vraiment. Mais n'oublie quand même pas que, voyager en Thalys, c'est faire la même chose que 377 autres personnes au même moment (oui, il y a précisément 377 places dans un Thalys, ne me demande pas pourquoi je sais ça, je ne dévoile jamais mes sources). Ce qui fait quand même 377 statuts Facebook qui, dans un même laps de temps, parlent de la même chose. Ça fait beaucoup pour quelqu'un qui, en allant à Paris, est convaincu de sortir du train-train...

Like

Celui qui…

a toujours un truc à vendre

C'est une brocante à lui tout seul : quand ce n'est pas son vieux canapé ou une armoire Ikea, c'est une machine à laver ou un frigo. On ne sait pas trop comment il se débrouille, mais il a toujours un truc à nous refourguer. C'est bien simple, quand on parcourt son mur, on a l'impression de se promener sur eBay. Ses petites annonces se terminent toujours par la même phrase : Si intéressés, envoyez-moi un message privé. Une précision dont ne tiennent absolument pas compte ses amis, qui n'hésitent pas à lui demander, en public, des détails sur le prix (réponse : à discuter, c'est marqué !), la couleur (d'après toi, pourquoi tu crois que j'ai joint une photo ?) ou l'état de l'objet (ben écoute, elle est rongée par les vers et il lui manque deux pieds, mais honnêtement, si t'arrives à ôter les tâches de vin incrustées, c'est une très jolie table). Une conversation pas du tout privée à laquelle on assiste d'un œil discret, non sans attendre avec excitation la période favorite de notre antiquaire en chef : Noël ! Parce qu'alors, on se met à rigoler de bon cœur : les objets du gaillard sont soudainement vendus *encore sous plastique* et *sous garantie*. Il est même prêt à les fournir avec un bel emballage-cadeau orné d'un joli nœud. Ça s'appelle du recyclage. Ça peut aussi s'appeler un enfoiré, quand on est la personne qui a déboursé 59 euros pour offrir le cadeau en question à l'enfoiré en question. C'est comme ça : notre profil n'impose aucune règle à ses petites combines. Même quand on fait partie de sa famille. Un objet vendu, c'est un objet qu'il ne faut plus vendre, comme le dirait sûrement Pierre Bellemare. *Business is business.*

➦ Partager

À quoi le reconnaît-on dans la vraie vie ?

On peut l'appeler à n'importe quel moment quand on a un grenier ou une cave à vider. Un petit SMS, et il est là dans la demi-heure. Il récupère vos lampes qui ne s'allument plus, vos chemises dans lesquelles vous ne rentrez plus et vos bouteilles de vin que vous ne buvez plus. Les amis dont vous n'avez plus besoin ? Il les revend sur Facebook. Prix à négocier.

47 % DES UTILISATEURS AVOUENT SE CONNECTER À FACEBOOK EN PRÉPARANT À MANGER, ET TOUT AUTANT S'Y CONNECTENT EN FAISANT DU SPORT

Like

Celui qui…

ne poste que des articles

Avec lui, c'est le dépaysement assuré. On voyage aux quatre coins du globe en permanence, en profitant d'une promenade bucolique à travers les guerres, les tsunamis, les usines délocalisées, les élections présidentielles et, bien sûr, la Corée du Nord. Certains de ses amis l'appellent le *David Pujadas de Facebook*. D'autres l'ont baptisé *Le canard à enchaîner*. Toujours est-il qu'à côté de lui, BFM TV, c'est l'actu pour les nuls. Rappelons, bien sûr, que nous ne sommes pas ici pour nous moquer de nos amis Facebook, surtout quand ils ont le mérite d'essayer de relever le niveau. Mais cela ne constitue pas non plus un argument pour encourager ce type de comportement. Car le bonhomme a tendance à négliger le fait que, dans notre fil d'actualité, son article sur la déroute du PS se glisse entre une bande-annonce du dernier film de Dany Boon, la vidéo d'un génie capable de réussir un Rubik's cube en moins de six secondes, ou celle d'un vieillard de 92 ans qui fait du breakdance en plein Manhattan sans les mains (et sans les dents, oui, forcément, mais à 92 ans, c'est facile). Du coup, on peut comprendre que les amis (pardon : les lecteurs) de notre obsédé de l'info soient quelque peu déstabilisés lorsqu'ils doivent affronter la lecture d'un article qui, en plus d'avoir l'air hyper sérieux, exige plus de six secondes d'attention. Généralement, d'ailleurs, la portée du statut est quasi nulle : dans ses meilleurs jours, à condition qu'il y ait au moins le mot « accouplement » dans le titre, l'article ne dépasse pas les deux *likes*. Le pire, ce sont les journées où les crétins de Daech sont de sortie, lorsque notre profil se met soudainement à partager en temps réel, minute par minute, les rebondissements d'un attentat dont il aimerait manifestement être le héros, alors que certains de ses amis préféreraient qu'il en soit la victime. Comment le suivre ? Comment interagir avec lui ? Le plus candidement possible, avec des répliques qui prouvent qu'on reste son pote malgré tout, mais qui évitent de provoquer un débat de huit jours, au risque de le conforter dans son idée qu'il partage chaque info pour le bien de tous. Quelques suggestions de commentaires pour ne pas trop l'exciter : On vit vraiment une époque incroyable ou Hallucinant ! sont assez judicieux, puisqu'ils n'invitent à aucune réponse. Dans cette même logique, le commentaire Merci, je partage ! est à proscrire rigoureusement.

➦ Partager

À quoi le reconnaît-on dans la vraie vie ? +

Lors des repas entre amis, au moindre silence, c'est lui qui lance des débats du genre « Vous avez vu ce qui s'est passé en Syrie hier ? » Comme personne n'a envie de parler de ça, très souvent, quelqu'un embraye sur la question cruciale : « Et c'est quoi le dessert ?», voire sur des sujets beaucoup plus terre-à-terre du genre : Dieudonné ou le dernier tweet de Rihanna.

Like

Celui qui…

tombe dans tous les pièges

Un lien vers une vidéo en forme de promesse sulfureuse : Regardez comment cette fille, complètement nue, va se taper la gêne de sa vie. On l'a vu passer cent fois, cet appât sur lequel on a forcément envie de cliquer. Mais les internautes les plus aguerris le savent : si on clique, des flibustiers du Web vont (au minimum) s'emparer de nos mots de passe, voler notre argent, violer notre chien et assassiner toute notre famille. Pourtant, si on a vu passer ce lien racoleur, c'est justement parce que l'un de nos chers amis est tombé dans le panneau. On sourit doucement, bien sûr (même si, encore une fois, on a super envie de cliquer aussi, juste au cas où). Il nous arrive même de penser : « Mais quel con, celui-là ». Et on n'a pas tout à fait tort sur le fond. Que notre ami clique sur des vidéos bidons, c'est une chose. Mais qu'il aille jusqu'à partager les fameuses chaînes de solidarité pour sauver un enfant atteint d'Alzheimer ou un vieux Bolivien qui a chopé la rougeole, ça devient embarrassant pour lui. Et on ne parle même pas de ces fois où il copie sur son mur que ses données personnelles appartiennent à Facebook et que personne n'a le droit de les utiliser, en suggérant à tous ses amis de copier la même chose sur leur mur pour éviter les ennuis. Plonger les yeux fermés dans un tel océan de poissons-clowns, sans même se demander si des piranhas ne se cacheraient pas dans l'assemblée, c'est un peu comme se prendre un râteau de la méduse (cette petite parenthèse pour préciser que cette jolie métaphore sur le monde maritime n'a aucun sens caché particulier, il s'agit juste d'une improvisation verbale du plus bel effet et qui, d'ici quelques lignes à peine, apparaîtra comme une simple goutte dans l'océan). On nage donc en plein surréalisme. Et notre patience devient d'autant plus étanche lorsque notre ami est le seul à partager, avec le plus grand sérieux, l'annonce d'une franche amitié entre Trump et Poutine, qui sont allés picoler ensemble dans un bar à la mode de Berlin avant de finir dans le même lit avec des prostituées palestiniennes. On peut d'ailleurs être certains que, le jour où la rumeur court que les frères Bogdanoff sont des êtres humains, il partagera l'info sans se poser la moindre question. Parce que dans son monde (de Nemo) à lui, on ne boit pas seulement la tasse, mais aussi la cafetière.

➦ **Partager**

À quoi le reconnaît-on dans la vraie vie ? +

Il partage tout ce qu'il a : sa nourriture, sa voiture, ses joies, ses peines, son appartement et même son déodorant... Il est comme ça, il a le cœur sur la main. N'empêche que, lui, au moins, il sait ce que contient la vidéo sur laquelle personne n'ose cliquer. Mais quand on le supplie de nous raconter, il nous répond toujours la même chose : « Partage la vidéo à dix de tes amis, sinon, le malheur s'abattra sur ton existence pendant sept ans ». Ce qui lui donne quand même un petit côté flippant.

Message personnel à celui qui…

dit « Merci pour l'ajout »

C'est très aimable de dire merci. Mais en même temps, tu viens de demander en ami quelqu'un qui possède déjà 3 980 autres amis. Une star des réseaux sociaux, voire une star tout court. Qui a évidemment accepté ta demande. Parce qu'une star, ça accepte tout le monde. Et à ton âge, tu devrais même savoir pourquoi : la star est une star *grâce* aux autres. Tu me répondras « Ah ben non, Vianney, c'est une star *à cause* des autres » et, en effet, je te l'accorde. Bref, disons que Vianney a accepté d'être ton ami en espérant que tu achètes son disque, ou en pensant que tu l'as déjà acheté, mais que tu as envie de lui envoyer un petit mot gentil pour toutes les émotions qu'il te procure. Admettons. C'est louable (non, pas Louane : *louable* !) Mais quand, dans la foulée, tu lui dis « Merci pour l'ajout », n'oublie quand même pas que, cette phrase, il a déjà dû la lire 3 979 fois avant que tu apposes ta politesse à l'édifice. Et tant que tu es debout, réponds aussi à cette question qui me taraude depuis belle lurette (oui, je sais que l'expression « belle lurette » ne s'utilise plus depuis… euh… belle lurette, mais ici, c'est moi qui décide) : honnêtement, tu t'attendais à quoi ? Qu'il refuse ton invitation ? Qu'il décline civilement en te disant « Non mais désolé, j'aime pas ta gueule » ? Et si ça avait été le cas, tu lui aurais répondu quoi ? « Merci quand même, c'est pas grave, t'as raison, j'ai vraiment une sale tronche » ? Non, s'il t'avait envoyé sur les roses (oui, je sais que cette expression n'existe plus vraiment non plus, merci), tu te serais simplement dit que les stars, de toute façon, ce ne sont que des prétentieux imbuvables, juste bons à aller faire leur promo chez Drucker et à considérer les gens normaux comme des moins-que-rien. Hein que j'ai raison ? Donc, ne prends pas ce risque de te fâcher avec ton idole. Ce serait bête. En plus, dis-toi que les vedettes (ah si, vedette, ça se dit encore), elles ont très peu de temps pour te lire, parce qu'elles ont des films à tourner et des chansons à chanter. Et si t'es pas là, elles ne te demanderont jamais *Mais t'es où* ? Enfin, pas toutes.

FACEBOOK EST INTERDIT
EN CHINE,
PAYS LE PLUS PEUPLÉ
DU GLOBE

Celui qui…

rebondit un peu tard sur les buzz

En moyenne, il lui faut entre 48 heures et 48 jours pour réagir à une « actualité » dont la Toile entière a parlé avant lui. Et qu'il partage brusquement quand le buzz a succombé et que plus personne n'a envie d'en entendre parler. Un manque de synchronisation qui laisse perplexe. Peut-être qu'il se connecte sur Facebook via un Minitel. Peut-être qu'il est né sans doigts et sans orteils, et qu'il doit taper sur son clavier avec ses oreilles. C'est possible. Et le premier qui dit "Peut-être que c'est Michael Schumacher" peut sortir, on ne rigole pas avec ça ici. Bref, on connaissait l'effet papillon, et notre profil a inventé l'effet escargot, en imposant son rythme bien à lui. Il nage dans sa petite bulle, tranquillement. Il fait sa vie de son côté, loin des scoops brûlants et de l'hyper-activité virtuelle. Mais après tout, essayons d'être un peu cléments. Oui, il fait encore des blagues sur DSK et il en rigole tout seul. Oui, il continue à commenter nos statuts en disant Non mais allô quoi ! Certes, le week-end dernier, contre toute attente, il nous a fait un *ice bucket challenge*. Et, oui, il joue encore au hand-spinner. Mais laissons-le flemmarder sans le brusquer. Et même si, parfois, c'est vrai, on a envie de réagir bêtement en lui criant « Lol, tu bosses à la poste ou quoi ? », il ne le mérite pas. Certains sont en avance sur leur temps. Lui, il est tout simplement en retard sur l'avance que certains ont pris. Donc, quand il apprendra que Yannick Noah a gagné Roland Garros, restons gentils et faisons semblant d'être super contents de revoir la balle de match, en sachant que lui, il la découvre.

Partager

À quoi le reconnaît-on dans la vraie vie ?

La cravate mal ajustée, il débarque avec une heure de retard au boulot. Il s'excuse par ces mots : « Désolé, je vais bientôt être papa ». Ses collègues lui répondent avec un air étonné : « Ah bon, c'est pour quand ? » Et il rétorque : « Ben normalement, dans neuf mois ». Morale de l'histoire : ce n'est pas parce qu'il est en retard qu'il n'a pas d'humour.

L'ADRESSE OFFICIELLE
DU SIÈGE DE FACEBOOK EST :
1 HACKER WAY,
MENLO PARK,
CALIFORNIA 94025

Like

Celui qui...

nous invite à plein d'événements

Qu'on le veuille ou non, chaque nouvelle notification provoque un petit frisson. Une demande d'ami (mais qui ça peut bien être ?) ou un message privé (où donc vais-je passer ma soirée ?) possèdent ce don de nous extraire de notre douce léthargie quand on a épuisé toutes les méthodes traditionnelles - boire un café, boire un verre d'eau, boire une bière, finir le whisky 16 ans d'âge reçu à Noël - pour tuer l'ennui. Sauf que, parmi ces sursauts marqués d'une couleur rouge dans notre bannière du haut, il y a une alerte qui provoque une inévitable déception : l'invitation à un événement. On la doit à cette personne qui mène une vie à mille lieues de la nôtre, balancée entre les vernissages, les avant-premières, les opéras avant-gardistes ou les concerts de jazz-ska-trash-pop de groupes que personne ne connaît, qui se déroulent dans des lieux culturels dont personne n'a jamais entendu parler. La vie de ce profil est un événement. Il n'est pas branché, non non : il est *hyper* branché. Encore plus branché que Clo-Clo en son temps. Et environ huit fois par semaine, il nous offre ce bon vieux choix multiples : « intéressé(e) », « j'y vais » ou « ignorer ». Son objectif : rameuter un maximum de monde à ses soirées plombantes. Un personnage perturbant, puisque parfois, il parvient à nous donner l'impression qu'on rate un truc incroyable en préférant rester chez nous devant la demi-finale de *Danse avec les stars*. Heureusement, dans la plupart des cas, on tient bon et on assume : oui, on préfère nos pantoufles et notre verre de Bordeaux aux œuvres « intemporelles et fascinantes du père de la contre-culture dont l'écho a largement dépassé les frontières de l'art ». Et, oui, on préfère avoir une tête convenable le jeudi matin en arrivant au boulot, plutôt que d'afficher une tête qui a sniffé du Coca-Cola même pas light pendant toute la nuit dans une soirée animée par le demi-cousin d'un ami de l'un des deux Daft Punk (celui de gauche). Parce que nous aussi, quelque part, on a dépassé les frontières de l'art en assumant notre statut de sédentaire *hyper* terre-à-terre. Oui, monsieur, ne pas sortir le soir, c'est un art ! L'art de ne pas être un divertissement pour les autres, comme l'a sûrement dit un jour quelqu'un de connu.

➦ Partager

À quoi le reconnaît-on dans la vraie vie ? +

Il a une barbe de cinq jours, parce que forcément, vu son agenda, il n'a pas le temps de se raser très souvent. Sinon, on peut le reconnaître grâce à la vie culturelle qu'il mène activement... sur Facebook. Y a un moment où il faut arrêter de prendre ses amis pour des canards sauvages à lait : quand on s'inscrit à trois événements, qui ont lieu à la même heure à des endroits géographiquement opposés, ça sent l'arnaque. S'il s'appelait Chuck Norris, on essayerait d'y croire, mais là...

Like

Celui qui…

est merveilleusement bien

Ou très bien. Ou cool. Ou triste. Ou surexcité. Ou motivé. Ou terriblement mal. Ou nostalgique. Ou perplexe. Ou amoureux. Ou festif. Ou amusé. Ou en a marre. Ou dégoûté. Ou pensif. Ou détendu. Ou déterminé. Ou bien. Ou exaspéré. Ou impatient. Ou heureux. Ou funky. Ou très en colère. Ou content. Ou sarcastique. Ou reconnaissant. Ou fier. Ou en colère. Ou hyper bien. Ou furieux. Ou inspiré. Ou fou. Ou fatigué. Ou affamé. Ou ravi. Ou en pleine forme. Ou impressionné. Ou pas terrible. Ou incroyablement bien. Ou super bien. Ou OK. Ou optimiste. Ou a chaud. Ou calme. Ou professionnel. Ou inquiet. Ou choqué. Ou confiant. Ou positif. Ou à fond. Ou malade. Ou satisfait. Ou a le cœur brisé. Ou vivant. Ou chanceux. Ou déprimé. Ou déçu. Ou aimé. Ou formidable. Ou surpris. Ou a froid. Ou très cool. Ou cassé. Ou soulagé. Ou perdu. Ou ennuyé. Ou anéanti. Ou serein. Ou a le cafard. Ou en paix. Ou parfait. Ou pas bien. Ou a la nausée. Ou stressé. Ou seul. Ou mal. Ou fort. Ou reposé. Ou mieux. Ou spécial. Ou pas à sa place. Ou normal. Ou confortablement bien. Ou a peur. Ou désolé. Ou endormi. Ou a le mal du pays. Ou libre. Ou drôle. Ou bizarre. Ou faible. Ou en sécurité. Ou sale. Ou sûr. En résumé : celui qui choisit de partager son émotion en fonction des smileys que Facebook lui propose. Tant de bienveillance, ça en devient presque charitable. Parce que, dans le fond, c'est vrai qu'on ne se pose jamais la question de savoir comment vont nos amis Facebook. Naïvement, on se dit qu'ils sont forcément heureux, vu que, sinon, ils seraient plutôt sur Amazon en train de s'acheter une autre vie. Et quand bien même : on se serait interrogé sur leur santé mentale, on n'aurait jamais imaginé qu'il puisse exister 93 réponses différentes ! (Oui, il y a précisément 93 émotions différentes répertoriées ci-dessus et elles y sont toutes, faites-moi confiance, en plus j'ai même compté deux fois pour être sûr). Mais là où Facebook frappe très fort, c'est qu'on peut aussi connaître l'endroit précis où notre incorrigible lunatique s'émeut, histoire de nous rassurer encore plus. Il est en train de boire un verre en terrasse. Ou de regarder *Les Bronzés font du ski*. Ou de jouer à la Playstation 4. Ou de passer un bon moment en famille. Ou d'écouter *Les Grosses Têtes* à la radio. Ou de manger un burger au Hard Rock Café de Manchester. Ou de... Enfin bon ! C'est pas qu'il nous assomme avec ses humeurs et son agenda, mais c'est tout comme. Et l'air de rien, le fait de le dire, ça nous rend merveilleusement bien.

➦ Partager

À quoi le reconnaît-on dans la vraie vie ? +

Il possède un dressing gigantesque et un fer à repasser infaillible, vu qu'il change d'humeur comme de chemise...

Celui qui…

a une vie de merde

On a tous nos petits problèmes : une ampoule à remplacer, un collègue qui parle trop, un rhume des foins ou, lundi dernier encore, un PV pour stationnement interdit. Des obstacles que le commun des mortels affronte tous les jours dans son coin, en râlant un peu sur lui-même, sur la police (évidemment que vous aviez le droit de vous garer là) ou sur le nain Atchoum (saint des pollens). Sur Facebook, c'est très différent : il existe des individus qui, pour une raison obscure, essayent de nous faire croire que ces minuscules pépins du quotidien sont des drames absolus qui mériteraient, au minimum, une adaptation à Hollywood avec des acteurs connus. Micro-ondes en panne… quelle galère ! Ou bien : Quarante-cinq minutes de file à la poste pour deux timbres ! Ou encore : Super, on a cassé mon rétroviseur sur le parking du Lidl, je n'aurais jamais dû me garer là ! Une insoutenable légèreté de propos que l'on pourrait stopper à tout instant par un convaincant : Écoute, je vais être honnête avec toi : tu me soûles avec tes faits divers. Le problème - et il est de taille -, c'est que cette personne possède, parmi ses amis, une poignée d'incurables bonnes âmes qui *likent* ses statuts et qui ont le mauvais goût de compatir avec des commentaires tout droit sortis de la cuisse de SOS Détresse. On ne les connaît que trop bien : Figure-toi que ça m'est déjà arrivé aussi (sans déconner ?), Zut, je suis de tout cœur avec toi. Si je peux t'aider, n'hésite pas ou l'inévitable et succulent T'inquiète, my friend, demain est un autre jour... C'est précisément à cause de cette sournoise empathie qu'un cercle devient vicieux, très vicieux. Tellement vicieux qu'on en oublierait presque la fonction première de cet ami convaincu d'être possédé par la poisse : nous aider à relativiser bien des choses, puisqu'à côté de lui, notre péritonite aiguë, le mois dernier, qui nous a envoyé à l'hosto à deux doigts de la mort, n'était finalement qu'un petit incident très banal. Et on n'ose même pas lui dire que le site VDM (VieDeMerde), où plein de gens racontent leurs anecdotes malchanceuses qui font marrer tout le monde, existe pour du vrai : il s'inscrirait sous le pseudo Calimero, il serait très vite choisi comme mascotte, et il deviendrait définitivement incontrôlable...

➦ Partager

À quoi le reconnaît-on dans la vraie vie ? +

À la cantine de son bureau, c'est celui qui commande un sandwich et à qui on répond « Désolé, on n'a plus assez de beurre pour faire un jambon-beurre » (hop, un statut Facebook !). Et bien sûr, au parking du Lidl, c'est lui qui tombe sur le caddie dont les roues vont de travers (allez, un statut coloré !), puis sur la personne, devant lui à la caisse, qui a oublié de peser ses fruits (et zou, un statut avec photo !).

Celui qui...

écrit en majuscules

Petits, on a tous reçu ces lettres à coller sur le frigo ou ces cubes en bois pour apprendre l'alphabet. Et c'est vrai : tout était en majuscules. À l'école maternelle, même topo : les instituteurs nous ont plongés dans le monde merveilleux de Molière en nous inculquant les contours clairs et nets de ces mêmes majuscules. Y a pas à dire : C'ÉTAIT CHOUETTE. Même que nos parents étaient super fiers de nous quand on écrivait notre prénom sans faute sur un dessin parfaitement immonde (si, le dessin était toujours immonde, y a un moment où il faut arrêter de se mentir). DONC, oui, à cette époque-là, l'univers merveilleux des majuscules constituait notre unique outil pour faire de la littérature. Nous n'avions aucun message à faire passer au monde. Nos géniteurs faisaient admirablement semblant d'être fiers de nous. Nous étions bêtes, mais mignons ; inutiles, mais aimés. On écrivait partout, avec ce qu'on avait sous la main : un crayon, un pinceau ou un marqueur indélébile. Tout cela en lettres majestueuses, magistrales... et majuscules ! Il y avait une raison simple : nous avions encore un cerveau... minuscule. Néanmoins, depuis lors, l'école nous a enseigné les belles rondeurs des lettres attachées et calligraphiées, en nous exigeant de nous appliquer, au risque de voir nos cahiers remplis de corrections écrites en ROUGE. Et bien sûr, nos cerveaux se sont tous adaptés. Tous ? Non ! Un petit village d'irréductibles fainéants résiste encore et toujours à l'envahisseur. Nous sommes au XXIe siècle après Jésus-Christ, et ce petit hameau retranché nommé Facebook se réfère toujours au dialecte d'antan, celui de sa prime jeunesse. Intrépides, ils assènent des statuts comme BONNE JOURNÉE À TOUS ! Et parfois, ils n'hésitent pas à mener la lutte jusque dans les entrailles des commentaires, avec des répliques encore plus virulentes : TU AS TORT : SUPERMAN EST CLAIREMENT PLUS FORT QUE BATMAN ! Il faut rendre à César ce qui lui appartient : ce commentaire est ici donné à titre d'exemple, puisque le plus fort, c'est évidemment Lucky Luke. Passons donc à la suggestion qui, on l'espère, fera office de potion magique : « Sais-tu, cher irréductible ami, que le temps a passé et que, désormais, il existe une touche "shift" sur ton clavier qui te permet, en moins d'une seconde, de te réconcilier avec plein de gens ? Ne me remercie pas, c'est bien normal, tu as refusé de grandir et ça peut arriver à tout le monde. Passe une belle soirée… ET MAINTENANT, ARRÊTE DE GUEULER, OK ? »

Partager

À quoi le reconnaît-on dans la vraie vie ? +

C'est un grand fan de l'émission *Des chiffres et des lettres*. Comme les trois quarts des téléspectateurs, son compte n'est jamais bon. Par contre, côté mots, il est super fort, et pour cause : les consonnes et les voyelles apparaissent en majuscules.

Celui qui…

prépare la révolution

Un jour, le capitalisme capitulera et le peuple sera libéré du joug des puissants ! Même que les riches, ce jour-là, seront réduits à néant par les pauvres ! Et même que le trotskisme renaîtra de ses cendres ! Le rebelle de Facebook est un cas particulièrement captivant qui, en plus d'avoir le courage de ses opinions, rejoint la cause de chaque mouvement de contestation s'éveillant sur notre folle planète. Un rassemblement pour défendre les sans-papiers de Monaco ; une action des Écolos pour dénoncer une marée noire qui a déjà tué plusieurs grands requins blancs qui, eux-mêmes, ont déjà tué douze surfeurs australiens en un mois ; une grève de la faim entamée par des chauffeurs de camion qui en ont ras-le-bol de perdre leur chargement sur l'autoroute aux heures de pointe ; ou une pétition pour que la fin du monde soit définitivement interdite… Les statuts préférés du rebelle : Signez cette pétition ! ou Un article à lire absolument ! Son message est clair : la Terre va mal. Et il aimerait qu'elle aille mieux ; que le système abolisse les inégalités ; que les États-Unis crèvent la gueule ouverte (oui, quand le rebelle est très énervé, il est malpoli) ; que les banques fassent banqueroute ; que la Grèce fasse bonne route et qu'on arrête de boire du Coca-Cola et de manger des fricadelles, parce que ça tue les enfants du Bangladesh, et peut-être même les petits-enfants des enfants du Bangladesh. Ce qu'il ignore peut-être, c'est que notre Mao Zedong des réseaux sociaux diffuse ses messages de révolte sur un site nommé Facebook qui, en plus d'être coté en bourse, réalise un chiffre d'affaires annuel de plus de 27 milliards de dollars, principalement grâce à la publicité (oui, ce vilain truc qui détruit les cerveaux). Mais ça, il ne faut surtout pas le lui dire trop fort. Sinon, il va encore nous remettre Che Guevara en photo de profil.

➦ Partager

À quoi le reconnaît-on dans la vraie vie ? +

Dans sa chambre, il a un poster de Malcolm X et un autre de Hugo Chavez. Quand il sort de sa chambre (pour aller à une manif'), il porte un keffieh et une casquette *I have a dream* pour cacher ses cheveux sales. C'est évidemment le seul de nos amis capable de se pointer à un mariage avec, sous le costard, ce bon vieux tee-shirt délavé avec une étoile rouge. Les seules vacances qu'il s'autorise, c'est à Cuba, tout en rêvant secrètement d'aller un jour en Corée du Nord...

Like

Message personnel à celui qui...

se prend en photo tous les jours pendant 15 ans

Il se prend en photo tous les jours pendant 15 ans : regardez le résultat, c'est incroyable ! Tu me connais, je suis curieux. Du coup, j'ai un besoin pressant de te poser quelques questions. D'abord, à quel moment t'es-tu dit : « Si je me photographie chaque matin, pendant plein d'années, je vais pouvoir créer un super diaporama et avoir plein de *likes* sur Facebook ? » À quoi ressemblait l'instant exact où cette idée a traversé ton esprit ? Et ensuite, quelle est la personne qui t'a dit : « Ouais, t'as raison, c'est grandiose, fais-le ! » ? J'avoue que ça me chipote. Certes, c'est plutôt amusant de voir comment tu as morfl... euh... grandi. Et c'est drôle de voir ces coupes de cheveux improbables que tu infligeais à ta tête. Mais c'est plutôt l'aspect artistique qui me chiffonne. Je trouve que ça ne va pas assez loin, alors que ta démarche mérite beaucoup mieux. Tu devrais prendre plus de risques, quitte à donner un petit côté Andy Warhol à la mise en scène, ou ajouter sur chaque photo une phrase du style *Ceci n'est pas un visage*. Tu comprends ce que je veux dire ? Un truc plus décalé, quoi. Parce que, sinon, tes créations risquent de naviguer sur

Facebook à tout jamais, tel le Radeau de la Méduse, et ce sans jamais arriver jusqu'au musée du Louvre. Or, avec le potentiel que tu as, tu as clairement ta place parmi les plus grands. D'ailleurs, je viens d'avoir une super idée ! Pour t'aider à trouver ta voie, tu n'as qu'à faire un de ces tests qui circulent tout le temps sur Facebook : *À quelle célébrité ressembles-tu ?* ou bien *Quelle star serais-tu dans la vraie vie ?* Parce que, si ça se trouve, le résultat sera Picasso, Rodin ou Cartier-Bresson. Enfin bon, tu fais ce que tu veux, hein, c'est ta vie, ton œuvre. Et je vais te laisser réfléchir à tout ça tranquillement. Par contre, j'ai quand même une dernière question qui, elle, me taraude vachement : comment savais-tu, il y a 15 ans, qu'un mec inventerait Facebook pour que tu puisses un jour y publier ton travail ? Là, j'avoue que je coince. Mais en fait, malin comme tu es, je sais ce que tu vas me répondre : être artiste, c'est aussi être visionnaire. Ça va, t'as gagné : je *like* ton bazar.

Celui qui…

fait une reprise « hallucinante » d'un tube de Queen

Il y a un moment où il faut légiférer là-dessus. La proposition de loi est la suivante : « Selon l'article 3927 du code facebookien, il sera désormais interdit de poster des vidéos de gens qui reprennent un tube de rock a capella ou avec une voix super émouvante. Qu'il s'agisse d'un enfant, d'un candidat de télé-crochet ou d'un musicien de rue, aucune exception ne sera tolérée. Et encore, on est sympa : on ne rétablit pas la peine de mort. » Objectif de cette règle : nous épargner le gamin de 5 ans qui fait un remake de *Bohemian Rhapsody* avec des vocalises angéliques (si c'est beau, c'est parce que c'est aigu; et si c'est aigu, c'est uniquement parce que le pauvre bambin n'a pas encore mué) ou la youtubeuse qui chante merveilleusement *Hallelujah* avec un bic à quatre couleurs dans chaque narine. Parce qu'avec eux, on dépasse largement les limites de l'hommage. Et c'est dommage, parce qu'à côté de ça, occasionnellement, certaines versions valent bien un partage, même s'il y a rarement de quoi en faire un fromage. Désormais, on peut affirmer que la fameuse *version originale* a subi suffisamment d'affronts pour ne pas être obligée de se retourner dans son épitaphe (et que personne ne touche au morceau *Epitaph* de King Crimson, c'est la chanson préférée de ma mère et, la connaissant, elle ne pardonnerait aucune fausse note, vous êtes prévenus). La frontière est atteinte et, s'il le faut, on construira même un mur pour empêcher toute migration de ces vilains copieurs vers notre mur Facebook (oui, certes, bâtir un mur pour éviter d'accéder à un autre mur, c'est un peu bizarre, mais c'est bien la preuve qu'on est à bout de nerfs, on n'arrive même plus à réfléchir). Bref ! En attendant la réforme, on se calme, on respire un grand coup, et on arrête de se pâmer devant le lien de ce garçon aveugle qui a complètement ébahi le jury ou cette inconnue qui va vous scotcher avec sa reprise improbable et surréaliste de *L'été indien*. Après, c'est promis, on ira où vous voudrez quand vous voudrez, et l'on s'aimera encore lorsque le mur (du son) sera mort.

Partager

À quoi le reconnaît-on dans la vraie vie ?

La première fois qu'il a été ému aux larmes par une reprise, c'est quand son père lui a chanté *Frère Jacques* au-dessus de son berceau. Ce jour-là, il a su qu'il serait artiste. Mais c'est clairement la reprise de *Cette année-là* par Matt Pokora qui a été une révélation, quand il a compris que n'importe quelle chanson pouvait être copiée, collée, triturée, malaxée et torturée au nom du showbuzz. Depuis, au lieu de composer ses propres chansons, il reprend du Nirvana à l'accordéon et du Beyoncé à la guitare électrique. Même que la semaine dernière, il a fait une reprise de David Guetta à l'harmonica et Les Inrocks ont a-do-ré.

Celui qui…

n'est pas sur Facebook

Chacun connaît, dans son entourage proche, une personne qui refuse catégoriquement de s'inscrire sur Facebook. Les raisons invoquées par cette créature un peu étrange sont donc connues de tous, mais ça vaut la peine d'en faire un petit résumé, parce que c'est très amusant : « Ouais, c'est ça, tu crois vraiment que ça m'intéresse de raconter ma vie sur Internet ? Franchement, je trouve ça malsain, tous ces gens qui postent les photos de leurs soirées, de leurs mioches, de leurs vacances ou de leur clébard. Ça a un côté voyeur que je n'aime pas du tout. Et puis bon, quelle perte de temps ! On y passe des heures, même quand on est au boulot. Ça te déconnecte de la réalité, quelque part. Regarde les jeunes d'aujourd'hui : les réseaux sociaux, ils ne jurent plus que par ça, ils sont complètement accros à leur smartphone ou à leur tablette. Ils écrivent comme des clettes et ne sont même plus capables de parler autrement que par leur langage SMS à la mords-moi l'nœud. Et puis bon, Facebook, ça sert à quoi, dans le fond, si ce n'est à remplir le compte en banque de Mark Zuckerberg ? T'as vu le film qui parle de lui, au moins ? *The Social Network*. Ça montre bien que c'est un gros connard : il a piqué l'idée à des gens de sa propre université. Et tu sais qu'une fois que t'es sur Facebook, y a même plus moyen de se désinscrire, et que toutes tes données personnelles appartiennent au site ? Non, honnêtement, c'est un piège, ce truc. T'as beau me dire qu'on y croise des gens sympas, qu'il y a moyen de bien se marrer, de découvrir de la musique, etcetera, etcetera. Moi je trouve ça débile. Retrouver des gens que je n'ai pas revus depuis l'école ? N'importe quoi. Moi, mes vrais amis, je les appelle et je vais boire un verre avec eux, en face à face. Tu vois ce que je veux dire ? Mais bon, t'inquiète, bien sûr, je respecte ceux qui y sont, pas de souci. Enfin, quand je dis que je les respecte, je veux dire que ça reste quand même mes amis. C'est juste dommage pour eux de passer autant d'heures à se griller les neurones, alors qu'il y a moyen de faire tellement de choses plus intéressantes à côté ». C'est le moment des aveux : chacun l'a reconnu, pas vrai ?

Partager

À quoi le reconnaît-on dans la vraie vie ?

Impossible, bien sûr, de répondre à cette question dans ce cas-ci : s'il y en a bien un qui ne connaît QUE la vraie vie, c'est lui. Mais la différence entre nous et lui, c'est que, nous, on respecte *vraiment* son choix. Alors que lui, il nous déteste quand même un peu. Ou, en tout cas, il nous prend pour des drogués incurables. Ce qui est faux, évidemment ! On le rappelle une dernière fois : si on se connecte à Facebook 34 fois par jour, c'est parce qu'on aime les bébés chats, et y a pas de mal à ça.

Merci

*à Saâdïa pour le temps qu'elle
m'a laissé passer devant
mon ordinateur alors que, sans ça,
nous aurions pu avancer beaucoup
plus vite dans* Walking Dead.

*Merci à Lily, parce que sa présence
est un moteur.*

*Et merci à Mat',
qui y a cru dès le début.*

Achevé d'imprimer en octobre 2017
sur les presses de l'imprimerie V.D. (Temse)